Hommage respectueux

CALENDRIER HISTORIQUE

DE

L'ENSEIGNEMENT

ET DES

INSTITUTIONS DE LA FRANCE

AVANT LA RÉVOLUTION

POUR 1881

CALENDRIER HISTORIQUE

DE

L'ENSEIGNEMENT

ET DES

INSTITUTIONS DE LA FRANCE

AVANT LA RÉVOLUTION

POUR 1881

Contenant tout ce qu'il est essentiel de connaître sur : les universités, les collèges, les académies, l'instruction primaire, les jésuites, les congrégations religieuses, la noblesse, le clergé, la magistrature, l'armée, le commerce, l'agriculture, la condition des ouvriers, etc., etc., jusqu'en 1789.

PARIS
BRAY ET RETAUX, ÉDITEURS
82, RUE BONAPARTE

PRÉFACE

Dans les temps où nous vivons, beaucoup de personnes sont portées à croire que la plupart des institutions qui font la gloire de notre pays ne remontent pas au-delà de 1789. Le but de ce petit travail est de donner par des faits précis une idée exacte de l'état de la France avant la Révolution.

E. A.

Samedi 1er Janvier.

Circoncision

—

1322. — ÉTABLISSEMENT DU COLLÈGE DU PLESSIS PAR GEOFFROY DU PLESSIS, SECRÉTAIRE DE PHILIPPE-LE-LONG.

Du Plessis, comblé de dignités, de faveurs, de tous les avantages de la fortune, mit son hôtel à la disposition des écoliers pauvres, abandonna ses biens pour pourvoir à leur entretien et se retira presque dénué de ressources chez les religieux de Marmoutiers.

Cet Établissement porta d'abord le nom de collège Saint-Martin et ne prit celui de son fondateur qu'après sa mort.

Du Plessis, il faut le remarquer, n'était pas même à cette époque reculée le premier bienfaiteur des étudiants. Il avait déjà eu de nombreux devanciers. Paris, grâce aux libéralités d'une reine et au désintéressement de religieux et de prélats, possédait déjà 15 collèges, tous pourvus de bourses, et dans lesquels des écoliers sans fortune et souvent de modeste condition faisaient gratuitement leurs études.

Le nombre de ces bourses augmenta sans interruption depuis le moyen âge jusqu'à la révolution. Au XVIIIe siècle sur une population scolaire de 74,000 élèves répandus dans 672 collèges disséminés dans tout le royaume, 40,500 à peu près, soit 4 sur 7, faisaient leur éducation pour rien.

Dimanche 2 Janvier

Saint Marcellin

—

1604. — LE PARLEMENT ENREGISTRE L'ÉDIT DE HENRI IV POUR LE RAPPEL DES JÉSUITES EN FRANCE.

Henri IV, dès son avènement au trône, avait amnistié les partisans de la Ligue; en 1598 il avait accordé la liberté de conscience aux protestants; il ne put souffrir que les Jésuites fussent plus longtemps sacrifiés à la vengeance de leurs ennemis et les rappela en 1603 par un édit daté du 1er septembre.

Les membres du Parlement vinrent lui faire des remontrances à ce sujet et le supplièrent de revenir sur sa décision, mais le roi resta inébranlable et leur répondit: « Si les Jésuites n'ont été jusqu'à présent en France que par tolérance, Dieu me réserve cette gloire que je tiens à grâce de les y établir. L'Université les a contrepointés, mais ça été ou parce qu'ils faisaient mieux que les autres, témoin l'affluence des écoliers qu'ils avaient en leurs collèges, ou parce qu'ils n'étaient incorporés en l'Université. Ils attirent, dites-vous, les enfants qui ont l'esprit bon et choisissent les meilleurs, et c'est de quoi je les estime. Ne faisons-nous pas de choix des meilleurs soldats pour la guerre?

Laissez-moi le maniement et la conduite de cette compagnie. J'en ai maîtrisé et gouverné de plus difficiles et malaisées à conduire. » Cet édit fut définitivement enregistré le 2 janvier 1604.

Lundi 3 Janvier.

Sainte Geneviève.

1560 — LES ALMANACHS SONT SOUMIS A LA CENSURE DES ÉVÊQUES.

Après la découverte et la propagation de l'imprimerie, on se mit à faire des almanachs de toutes sortes. Dès 1550, Nostradamus en publia un à l'usage des cultivateurs, et, presqu'en même temps, des imprimeurs en firent paraître une foule d'autres contenant des fables, des contes et des historiettes. Comme ces petits ouvrages étaient extrêmement répandus, et qu'ils pouvaient à un moment donné attaquer les mœurs, on les soumit de bonne heure à la censure. Sous Louis XIV, on fit des almanachs royaux dans lesquels se trouvait la liste des princes du sang et des fonctionnaires. Sous Louis XV, on publia des almanachs historiques où se trouvaient racontés pour chaque jour de l'année les événements les plus remarquables de l'histoire. Il y eut également des almanachs littéraires qui contenaient de fort jolies pièces de vers.

Mardi 4 Janvier.

Saint Grégoire, év. et conf.

1257. — SAINT LOUIS APPROUVE LE COLLÈGE FONDÉ PAR ROBERT SORBON.

Ce collège connu sous le nom de Sorbonne, doit sa fondation à Robert Sorbon, chanoine de Cambrai.

Sorbon, né d'une famille obscure et sans fortune, après avoir fait de brillantes études à Paris et s'être acquis une grande réputation par sa science, résolut de faciliter aux écoliers pauvres le moyen de s'instruire tout en étant à l'abri des privations et du besoin. Dans ce dessein, il acheta en 1253 avec quelques économies péniblement amassées, une maison près de la rue Saint-Jacques et, aidé des libéralités de saint Louis, de Guillaume de Broi, archidiacre de Reims, de Robert de Douay, chanoine de Senlis et médecin de la reine Marguerite, de Geoffroy de Bar, doyen de l'Église de Paris, de Guillaume de Chartres, chapelain du roi, il donna asile aux écoliers sans ressources qui semblaient avoir le plus de dispositions pour l'étude, et les plaça sous la conduite de professeurs distingués qui leur enseignaient gratuitement la théologie, la philosophie et les lettres.

La Sorbonne fut un des plus célèbres établissements d'instruction publique de l'ancienne France. Elle avait une bibliothèque des plus remarquables. Les cours de la Sorbonne furent fermés en 1792.

Mercredi 5 Janvier.

Saint Siméon Stylite.

—

584. — MORT DE SAINT MAUR, INTRODUCTEUR DE L'ORDRE DES BÉNÉDICTINS EN FRANCE.

L'ordre des bénédictins fondé par saint Benoit vers l'an 520 en Italie, fut introduit en France par saint Maur et quelques moines du Mont Cassin. Ces religieux s'adonnèrent à la fois aux travaux manuels et intellectuels. Ils défrichèrent les terres incultes, se mirent à transcrire des manuscrits, et ouvrirent des écoles dans tous leurs monastères. Cet ordre fut plusieurs fois réformé. En 940, Odon rétablit la règle de saint Benoit dans sa pureté primitive et forma la congrégation de Cluny. En 1621 Jean Renaud fonda la congrégation de Saint Maur dans laquelle 198 monastères entrèrent en moins d'un siècle. Nous sommes redevables aux bénédictins de la conservation des trésors de la littérature ancienne et des documents sur l'histoire de France. Les bénédictins et les autres religieux qui ont suivi la règle de saint Benoit, ont joué un rôle considérable dans l'enseignement au moyen âge.

Jeudi 6 Janvier.

Épiphanie de N.-S.

—

1340. — PRIVILÈGES ACCORDÉS AUX ÉCOLIERS ET MEMBRES DE L'UNIVERSITÉ.

Ces privilèges consistaient dans l'exemption de la taille, des péages et autres impôts. Le roi accordait en outre, aux membres de l'université et aux étudiants la faveur de ne pouvoir être traduits devant d'autres juges que ceux de Paris et les mettait sous la protection du grand Prévôt.

Le grand Prévôt, en entrant en charge, après avoir prêté serment de fidélité au roi, devait jurer de maintenir les privilèges de l'université de Paris.

Vendredi 7 Janvier.

Sainte Mélanie.

1528. — CRÉATION D'UN MAITRE DE CHAQUE MÉTIER A L'OCCASION DE LA NAISSANCE DE JEANNE D'ALBRET, FILLE D'HENRI, ROI DE NAVARRE.

La naissance d'un prince, le mariage d'un roi, son avènement au trône ou tout autre événement heureux servaient constamment de prétexte pour créer des maîtrises. Souvent ces nouvelles maîtrises étaient données en récompense aux ouvriers qui avaient appris leur art aux enfants pauvres élevés dans les hôpitaux.

1595. — PREMIÈRE EXPULSION DES JÉSUITES DU ROYAUME.

En 1594, Jean Chatel, fils d'un drapier de Paris et ancien élève des jésuites, ayant attenté aux jours de Henri IV, les ennemis de cette célèbre compagnie profitèrent de ce prétexte pour faire peser la responsabilité de ce crime sur la congrégation tout entière.

Un édit du 7 janvier 1595, prononça l'expulsion des jésuites du royaume.

Samedi 8 Janvier.

Saint Lucien.

1515. — TRIBOULET EST NOMMÉ A L'OFFICE DE FOU AUPRÈS DE FRANÇOIS Ier.

Triboulet fut un des plus spirituels personnages de la cour de François Ier.

Voici quelques-uns des traits de cet incomparable fou qui sont le plus cités : Quand Charles-Quint eut obtenu la permission de passer en France pour se rendre aux Pays-Bas, Triboulet écrivit sur ses tablettes : « que Charles-Quint était plus fou que lui de s'exposer à passer par la France ». « Mais, lui dit le roi, si je le laisse passer sans rien lui faire, que diras-tu? » « Cela est bien aisé, dit Triboulet, j'effacerai son nom et j'y mettrai le vôtre. »

Un jour un grand seigneur qu'il avait raillé le menaça de le faire périr à coups de bâton s'il recommençait. Triboulet alla s'en plaindre au roi qui lui dit de ne rien craindre. « Que si quelqu'un était assez hardi de le tuer, il le ferait pendre, un quart d'heure après. » «Ah ! sire, reprit Triboulet, s'il plaisait à votre Majesté de le faire pendre un quart d'heure avant ! »

En 1525 François Ier, sur le point d'entreprendre sa campagne d'Italie qui devait se terminer par sa captivité, agitait dans son conseil les différents moyens de pénétrer sur le territoire ennemi. On en proposa plusieurs et on délibérait sur le projet que l'on devait arrêter, quand Triboulet se leva et prenant la parole dit : « Vous croyez, messieurs, avoir décidé à merveille ; mais vos avis ne me plaisent point : vous ne pensez pas au point essentiel... » «Ah ! quel est le point essentiel?» lui demanda-t-on. «C'est, reprit-il, le moyen de sortir dont personne ne parle ; voulez-vous que nous restions-là. »

Dimanche 9 Janvier.

Saint Julien, martyr.

1627. — SUPPRESSION DE LA CHARGE DE CONNÉTABLE.

Dans les premiers temps de la monarchie, le connétable (comte d'étable) était un officier chargé du soin des écuries et des chevaux du roi. Cette charge était remplie par de grands personnages auxquels on donnait souvent d'importants commandements militaires. Sous les rois de la troisième race, le connétable devint un officier de la couronne. Il eut le commandement suprême des forces armées ; on lui devait obéissance immédiatement après le roi. Il était le gardien de l'épée du souverain et réglait toutes les affaires de la guerre. Lesdiguières fut le dernier connétable de France.

Lundi 10 Janvier.

Saint Paul, ermite.

1635. — FONDATION DE L'ACADÉMIE FRANÇAISE PAR RICHELIEU.

La France avait déjà eu, à différentes époques, des académies. Charlemagne en avait institué une qui tenait ses séances dans son palais et qu'il présidait généralement lui-même.

Sous Charles IX, une académie de langue française s'était formée à Paris. Les savants qui la composaient étaient en si grande estime auprès du roi, qu'il leur permettait de s'asseoir et de rester couverts en sa présence lorsqu'il venait assister à leurs réunions.

Mardi 11 Janvier.

Sainte Hortense.

—

1383. — ORDONNANCE DE CHARLES VI EN FAVEUR DES ÉTUDIANTS.

Charles VI, à l'exemple de ses prédécesseurs, chercha par de beaux et d'utiles privilèges à encourager les étudiants et à accroître leur nombre. Pour attirer auprès de l'université le plus d'écoliers possible, il exempta ces jeunes gens des impôts sur les denrées qu'ils achèteraient pour leur consommation personnelle ainsi que sur celles qu'ils recueilleraient par héritage.

En 1383 le nombre des étudiants de l'université de Paris dépassait 3000.

Mercredi 12 Janvier.

Sainte Véronique, et B. V

—

1270. — LETTRE D'ANOBLISSEMENT EN FAVEUR DE RAOUL L'ORFÈVRE.

Cet anoblissement fut le premier qui eut lieu en France et l'orfèvre Raoul fut le premier marchand qui se trouva récompensé par un titre de noblesse de son honorabilité et de la réputation qu'il s'était acquise dans son industrie.

Le pouvoir d'anoblir n'appartenait qu'au roi.

L'anoblissement se faisait moyennant finance. Le nouvel anobli payait une certaine somme qui servait à indemniser le trésor des subsides dont il était affranchi pour l'avenir et donnait une aumône pour le peuple qui se trouvait surchargé par cette exemption.

Jeudi 13 Janvier.

Baptême de N.-S.

—

1152. — MORT DE SUGER.

Suger naquit en 1082 et vint à l'âge de dix ans dans l'abbaye de Saint-Denis, où Louis, fils de France, était élevé. Quand ce prince fut devenu roi, sous le nom de Louis le Gros, il appela Suger à sa cour et lui confia plusieurs négociations importantes dont il s'acquitta avec un tact et une probité admirables. Le roi le récompensa de ses services en le nommant abbé de Saint-Denis. Louis le Jeune ayant succédé à Louis le Gros, nomma Suger régent du royaume pendant son séjour en terre sainte. Il gouverna l'État avec tant de zèle, de sagesse et de probité qu'il fut surnommé le père de la patrie.

Vendredi 14 Janvier.

Saint Hilaire, év. et doct.

—

1350. — DÉFENSE A CEUX QUI NE SONT PAS GRADÉS D'EXERCER LA MÉDECINE.

Jusqu'au XIIe siècle il n'y eut pas de faculté de médecine en France. Cette science était cultivée par les Maures, par les clercs et surtout par les juifs.

Ces médecins soignaient les malades et formaient en même temps des élèves et des disciples. A partir de Philippe-Auguste, il y eut des écoles spéciales pour l'étude de la médecine et il ne fut plus permis d'exercer sans avoir subi d'examen.

La durée des études étaient de 9 années.

Les principales écoles étaient : Montpellier, Paris, Toulouse, Besançon, Perpignan, Caen, Reims, etc.

Samedi 15 Janvier.

Saint Maur, abbé.

—

1526. — FONDATION DU JARDIN DES PLANTES.

Ce jardin destiné à la culture des plantes médicinales et à l'enseignement de la botanique fut ouvert par Louis XIII sur les conseils de son premier médecin, Guy de la Brosse.

Richelieu et les principaux seigneurs participèrent de leurs deniers à la fondation de ce jardin. En quelques années il fut orné des plantes les plus rares.

Plus tard, Mazarin et Colbert apportèrent un soin particulier à son embellissement et à l'augmentation de ses collections.

Dès le règne de Louis XIV on y faisait des cours gratuits de botanique de physique et de chimie.

Dimanche 16 Janvier.

Saint Guillaume év. et conf.

—

1545. — ORDONNANCE CONTRE LES MENDIANTS VALIDES.

La facilité avec laquelle on faisait l'aumône à cette époque, avait multiplié le nombre des mendiants. La plupart des grandes villes en étaient infestées. François Ier pour remédier à cet état de choses, ordonna au prévôt de Paris de saisir les gens qui vivaient de mendicité ; d'employer aux travaux publics ceux qui étaient valides et de placer les autres dans les hôpitaux.

Lundi 17 Janvier.

Saint Antoine, abbé.

—

1344. — FONDATION DU COLLÈGE DE MONTAIGU A PARIS.

Aiscelin de Montaigu, archevêque de Rouen, chancelier de France, fit bâtir à ses frais une maison sur la montagne Ste-Geneviève, et y établit un collège pour l'enseignement des humanités et de la philosophie.

En 1392, il fut agrandi par les soins de la famille de Montaigu.

En 1480, Jean de Brabançon institua dans cet établissement l'ordre des pauvres écoliers pour faire participer aux bienfaits de l'enseignement secondaire des jeunes gens sans fortune.

Mardi 18 Janvier.

Ch. de St Pierre à Rome.

—

1751. — CRÉATION DE L'ÉCOLE ROYALE MILITAIRE.

Cette école, qui a toujours été regardée comme une des plus belles créations de Louis XV, fut ouverte pour recevoir 500 jeunes gentilshommes dont les pères étaient morts à la guerre ou dont les familles étaient sans fortune. Les élèves étaient admis dans cet établissement dès l'âge de huit ans. On leur enseignait le français, l'italien, les mathématiques, la géométrie, le dessin, la géographie, l'histoire, la tactique, les exercices militaires, le manège, l'escrime, la danse. A partir de 16 ans, on leur confiait certains emplois inférieurs dans l'armée, et l'école leur servait une pension de 200 livres.

Une fois leur éducation terminée, ces jeunes gens passaient officiers dans l'armée du roi.

A chaque promotion on faisait un choix des élèves les plus distingués. Les uns étaient envoyés à l'école de Mézières et devenaient ingénieurs ; les autres allaient à l'école de Bapaume pour étudier d'une manière spéciale les manœuvres de l'artillerie, et, après un certain temps, passaient sous-lieutenants dans un régiment de cette arme.

Mercredi 19 Janvier.

Saint-Sulpice év. et conf.

—

1712. — ÉTABLISSEMENT D'UNE MANUFACTURE DE TAPIS DE PERSE.

Ces tapis se faisaient dans une maison située sur la route de Versailles, appelée la Savonnerie.

Cette manufacture avait été établie sous Henri IV, au Louvre. Louis XIII et Louis XIV favorisèrent l'essor de cette fabrique par de nombreux encouragements.

1308. — FONDATION DU COLLÈGE DE BAYEUX.

Ce collège doit sa fondation à Guillaume Bonnet, évêque de Bayeux. Ce prélat laissa à cet établissement une rente pour l'entretien de douze étudiants pauvres des diocèses du Maine et de l'Anjou

Jeudi 20 Janvier.

St Fabien et St Sébastien, martyrs.

—

1673 — INSTITUTION DE COURS GRATUITS AU JARDIN DES PLANTES.

Les cours du jardin des plantes étaient faits par quatre professeurs nommés par le premier médecin du roi. Il y avait un professeur d'anatomie, un de chimie, et deux de botanique.

Tournefort, Jussieu, Daubanton, Lacépède, Fourcroy etc. ont occupé ces différentes chaires.

1686. — MORT DE BLONDEL.

Blondel fut un des plus grands mathématiciens et un des plus illustres architectes du XVIIe siècle. Il devint maréchal de camp, membre de l'académie des sciences et directeur de l'académie d'architecture. C'est sur ses dessins que fut élevée la porte Saint-Denis.

Vendredi 21 Janvier.

Ste Agnès, Vierge et Mart.

1453. — INAUGURATION DE L'UNIVERSITÉ DE CAEN.

Cette Université, fondée vers 1440 par les Anglais alors maîtres d'une partie de la France, fut confirmée par Charles VII quand il eut reconquis ses États.

Elle devint une des plus célèbres du royaume. Elle eut une bibliothèque remarquable et fut une des premières qui installa une imprimerie pour éditer les ouvrages nécessaires aux étudiants et aux professeurs.

A la fin du XVe siècle cette Université établit une académie dans laquelle on couronnait tous les ans la meilleure pièce de vers en l'honneur de la sainte Vierge.

1741. — ÉTABLISSEMENT D'UNE LOTERIE EN FAVEUR DES PAUVRES

La loterie fut introduite en France par François Ier qui l'organisa sur le modèle de celles qu'il avait vues en Italie. Depuis ce monarque, on eut quelquefois recours à ce moyen pour se procurer l'argent nécessaire à l'exécution de certains travaux, ou pour former des fonds de secours destinés aux pauvres.

Samedi 22 Janvier.

Saint Vincent.

1738 — HOMOLOGATION DE LA BULLE DE CANONISATION DE SAINT VINCENT-DE-PAUL.

Saint Vincent de Paul naquit en 1576. Ayant embrassé l'état ecclésiastique, il devint un prêtre illustre par sa science et s'acquit surtout une grande réputation par sa charité inépuisable. Il fonda successivement l'hôpital des enfants trouvés, l'hospice des pauvres vieillards et celui des galériens de Marseille. C'est lui qui institua la Congrégation des prêtres de la mission, dits pères lazaristes, et qui établit la communauté des sœurs de charité, qui sont connues dans le monde entier Il mourut en 1660.

Dimanche 23 Janvier.

Fiançailles de la Ste Vierge.

—

1771. — RÈGLEMENT POUR L'ADMINISTRATION DU MONT-DE-PIÉTÉ,

L'institution des Monts-de-Piété remonte à la fin du moyen âge et a été probablement empruntée à l'Italie. Primitivement cette banque prêtait sans intérêts et était alimentée par des fondations de personnes charitables.

Sous Louis XIII et Louis XIV, ils devinrent plus nombreux. A la fin du XVIIIe siècle il y avait 70 Monts-de-Piété en France.

Lundi 24 Janvier.

Saint Timothée, mart.

—

1534. — ORDONNANCE POUR LA RÉPRESSION DU BRIGANDAGE SUR LES ROUTES.

Tous les rois, depuis Charlemagne, avaient cherché dans l'intérêt du commerce, à assurer la sécurité des routes. Saint Louis, pour stimuler la vigilance des seigneurs avait rendu ces derniers responsables du brigandage commis sur leurs terres et les avait souvent forcés d'indemniser de simples marchands victimes de vol. François Ier, dans son ordonnance de 1534, prescrivit de punir du supplice de la roue tous les voleurs de grands chemins.

1646 — ÉTABLISSEMENT D'UN LABORATOIRE DE CHIMIE A PARIS.

Mardi 25 Janvier.

Conversion de Saint Paul.

—

1655. — APPROBATION DE L'INSTITUT DES SŒURS DE CHARITÉ PAR L'ARCHEVÊQUE DE PARIS.

Cette congrégation fut instituée par saint Vincent de Paul sous le nom de : Servantes des pauvres.

La principale occupation de ces sœurs était de visiter les malheureux, de leur porter des secours, et de soigner les malades.

Beaucoup de ces religieuses exerçaient leur ministère dans des hôpitaux de vieillards ou d'enfants trouvés. A la fin du XVIIIe siècle, elles possédaient 300 établissements tant en France qu'en Pologne et aux Pays-Bas.

Mercredi 26 Janvier.

St Polycarpe, év. et mart.

—

1260. — SAINT LOUIS DÉFEND LE DUEL JUDICIAIRE ET ORGANISE LA PREUVE PAR TÉMOINS.

La coutume de terminer tous les différends par des duels fut une des plus longues et des plus difficiles à extirper. Les menaces de l'Église et les efforts des rois demeurèrent longtemps impuissants. Le peuple ne pouvait se figurer que Dieu laissât périr un innocent. Saint Louis déclara que le combat ne pouvait être une voie de droit, et traça les règles de la procédure d'enquête.

Jeudi 27 Janvier.

Saint Jean Chrysostôme.

—

1350. — PRIVILÈGE DE DE COMMITTIMUS ACCORDÉ AUX MEMBRES DE LA FACULTÉ DE MÉDECINE DE MONTPELLIER.

Le privilège de *de committimus* était le pouvoir de faire évoquer son procès devant des juges spéciaux. Il fut accordé à cette faculté de médecine en récompense de la célébrité qu'elle s'était acquise. Depuis l'année 1195 où elle fut fondée par les disciples d'Averroès et d'Avicenne elle avait presque toujours fourni des premiers médecins au roi, ainsi que des professeurs remarquables aux autres facultés.

Vendredi 28 Janvier.

Saint Charlemagne.

—

1607. — ÉTABLISSEMENT DE MANUFACTURES DE TAPISSERIES A PARIS ET DANS LES AUTRES VILLES DU ROYAUME.

L'art de la tapisserie est très ancien en France. Les premiers statuts des tapissiers remontent à Saint Louis. Pour être reçu ouvrier il fallait avoir fait un apprentissage de six années. Les tapisseries étaient de véritables chefs-d'œuvre et étaient quelquefois données en présent par le roi à des souverains étrangers.

Charles VI envoya une tapisserie remarquable à Bajazet.

1623. — ÉTABLISSEMENT DE L'HÔPITAL DE LA MISÉRICORDE.

Cette fondation est due à la libéralité d'Antoine Séguier, conseiller au parlement, qui légua 18,000 livres de rentes pour l'entretien de cent jeunes orphelines nées à Paris. Les jeunes filles étaient admises dans cette maison dès l'âge de six ans et étaient élevées gratuitement jusqu'à 20 ans. On leur apprenait à lire, à écrire, à calculer, et on leur faisait faire l'apprentissage d'un état.

Samedi 29 Janvier.

Saint François de Sales, év. et conf.

—

788. — ÉTABLISSEMENT DE PETITES ÉCOLES DANS TOUTE LA FRANCE.

Charlemagne établit des écoles dans chaque évêché et dans chaque monastère. Il fit une obligation aux prêtres des bourgs et des villages d'apprendre aux enfants les éléments du calcul, de la langue française et de la musique, et leur défendit d'exiger aucune rétribution de leurs élèves.

Il organisa de grandes écoles dans les abbayes, où les chanoines et les moines enseignaient les lettres, la philosophie, la rhétorique et la théologie.

Charlemagne, il faut le remarquer, ne fit que rétablir l'enseignement. Jusqu'au VIe siècle, la France avait eu de nombreux établissements d'instruction publique. Le poète Ausone, qui vivait au IVe siècle, parle du collège de Bordeaux où plusieurs de ses amis enseignaient les lettres et la philosophie.

Marseille, que l'on avait surnommé la ville des sciences, attirait une partie de la jeunesse romaine et la jeunesse gauloise.

Autun avait plusieurs écoles. Tours et différentes autres villes en étaient également pourvues. Childebert, Caribert et Chilpéric, qui avaient étudié en France, parlaient très bien le latin.

Dimanche 30 Janvier.

Sainte Bathilde, veuve.

—

1551. — PERMISSION ACCORDÉE AUX JÉSUITES DE FONDER UN ÉTABLISSEMENT A PARIS.

Les jésuites, en vertu de cette permission, fondèrent le collège de Clermont à Paris. Ils furent puissamment aidés dans cette œuvre par Guillaume du Prat, évêque de Clermont, qui consacra une partie de ses revenus à soutenir et à faire progresser cet établissement.

Du Prat ouvrit quelques années après, pour ces pères, un collège à Billon et un à Moriac.

A sa mort, il laissa 3,000 livres de rente, destinées aux différentes maisons d'éducation des jésuites.

Le collège de Clermont fut confisqué sous Louis XV et donné à l'université ; il existe encore aujourd'hui sous le nom de Lycée Louis-le-Grand.

Lundi 31 Janvier.

Saint Pierre Nolasque.

—

1715. — RÈGLEMENT POUR LES NOURRICES.

Jusqu'à la fin du XVIe siècle, les femmes les plus nobles, comme les plus pauvres nourrissaient elles-mêmes leurs enfants. Sous Louis XIII, les dames de haute naissance abandonnèrent cet usage et les bourgoises les imitèrent. Les mauvais soins que donnèrent aux enfants les nourrices mercenaires éveillèrent l'attention; on soumit les nourrices aux visites des médecins et à une surveillance active.

Mardi 1er Février.

Saint Ignace.

—

1322. — CRÉATION DE L'OFFICE D'AMIRAL.

Le premier amiral fut Bérenger Blanc. Son autorité ne s'étendit d'abord que sur les côtes de Normandie et quelques autres. Cette charge devint une des plus considérables du royaume.

L'amiral connaissait de toutes les contestations relatives au commerce maritime, ainsi que du bris des vaisseaux, des échouements, des abordages, de l'entretien des ports, des feux sur le bord de la mer et des délits de pêches maritimes.

Mercredi 2 Février.

Purificat. de la Ste Vierge.

—

1486. — PREMIÈRE OUVERTURE DE LA FOIRE DE SAINT-GERMAIN A PARIS.

Cette foire commençait le 2 février de chaque année et durait jusqu'au dimanche des Rameaux.

Au moyen âge, il y eut quantité de foires, presque toutes les villes importantes en possédaient une et beaucoup d'abbayes en avaient établi également.

Les principales foires étaient : celles de Saint-Denis, de Falaise, de Beaucaire, de Lyon, etc.

Jeudi 3 Février.

Saint Blaise.

—

1544. — NAISSANCE DE CÉSAR DE BUS, INSTITUTEUR DES PRÊTRES DE LA DOCTRINE CHRÉTIENNE.

César de Bus naquit à Cavaillon d'une famille noble. Après s'être adonné avec un certain succès à la poésie profane, il embrassa l'état ecclésiastique et fonda la congrégation des pères de la doctrine chrétienne. La mission de ces prêtres était de catéchiser le peuple et d'enseigner. Ils avaient dix collèges dans la province d'Avignon, trois collèges dans celle de Paris, treize dans celle de Toulouse et quantité d'autres dans différentes provinces.

César de Bus mourut en 1607.

Vendredi 4 Février.

Sainte Jeanne de Valois.

—

1265.—FONDATION DE L'INSTITUT DES SŒURS DE LA CROIX.

La Congrégation des sœurs de la Croix a été fondée en 1265 par Guérin, curé d'Amiens. La principale mission de ces religieuses était de tenir des écoles de jeunes filles. A la fin du XVIIIe siècle il y avait en France dix-neuf communautés de femmes de ce genre.

Les sœurs de Sainte-Agnès, de Sainte-Aure, de Sainte-Marthe, de Sainte-Perpétue, de Sainte-Marguerite, les Filles de la Croix, de Saint-Thomas de Villeneuve, des Ecoles charitables, des Ecoles chrétiennes, d'Ernemont, de Sainte-Geneviève, de l'Instruction chrétienne, de l'Union chrétienne, de l'Annonciation, les Mathurines, les Augustines, les Ursulines, étaient répandues dans toutes les villes du royaume, avaient des écoles, la plupart gratuites, où les enfants recevaient une instruction appropriée à leur condition.

Au XVIIe siècle, un enfant du peuple qui ne savait ni lire ni écrire, était d'après les témoignages les plus dignes de foi, un fait exceptionnel.

Samedi 5 Février.

Sainte-Agathe, Vierge.

—

1460. — ÉTABLISSEMENT DE L'UNIVERSITÉ DE NANTES.

Cette université fut établie par le pape Pie II sur les instances de François II, duc de Bretagne. Elle obtint dans la suite quantité de privilèges en récompense du rang honorable qu'elle s'était acquis parmi les autres universités du royaume.

1317. — FONDATION DU COLLÈGE DE NARBONNE.

Ce collège fut établi par Bernard de Farges, évêque de Narbonne, pour neuf étudiants pauvres de son diocèse.

Dimanche 6 Février.

Sainte-Dorothée.

—

1643. — NAISSANCE DE L'ABBÉ DE CAMPS.

De Camps était fils d'un modeste quincaillier d'Amiens. Il vint dans son enfance à Paris et entra en qualité d'enfant de chœur chez les dominicains. Remarqué par son intelligence, Serroni, qui devint plus tard évêque de Mende, le fit élever et le prit comme secrétaire quand il eut achevé ses études. De Camps fut un des hommes les plus célèbres de son temps par sa connaissance de l'histoire et des monuments de l'antiquité.

Lundi 7 Février.

Saint Romuald.

—

1664. — LOUIS XIV NOMME DES COMMISSIONS CHARGÉES D'EXAMINER LA POSSIBILITÉ DU PROJET DU CANAL DU LANGUEDOC.

L'idée de faire communiquer la Méditerranée à l'Océan au moyen d'un canal remonte au temps de Charlemagne.

Henri IV reprit ce projet et chargea une commission d'ingénieurs, sous la direction du connétable de Montmorency, de déterminer les endroits où ce canal devait passer. Louis XIV eut la gloire d'exécuter ce vaste dessein et le célèbre Riquet eut l'honneur d'en être l'exécuteur.

Ce canal coûta treize millions. Le roi donna six millions neuf cent vingt mille livres et la province fournit le restant. Il y avait sous Louis XVI six grands canaux : celui du Languedoc, de Briare, de Craponne, d'Orléans, de Montargis et de Picardie.

Mardi 8 Février.

Saint Jean de Matha.

—

1649. — NAISSANCE DU PÈRE DANIEL (JÉSUITE).

Le père Daniel est un des plus célèbres historiens du XVIIe siècle. On a de lui un grand nombre d'ouvrages sur l'histoire, la philosophie et les lettres. Ses plus remarquables sont : l'*histoire de France*, l'*histoire de la milice française*, les *Réponses aux lettres provinciales*, les *Voyages de Descartes* et *une dissertation sur la connaissance des bêtes.*

Mercredi 9 Février.

Sainte Appolonie.

—

1534. — RÉORGANISATION DE LA GENDARMERIE.

Les gendarmes existaient depuis les rois de la première race. Leur nombre devint surtout considérable sous Charlemagne. Ces gendarmes étaient des cavaliers revêtus de cuirasses et armés de lances. Ils étaient tous gentilshommes. Des jeunes gens nobles leur servaient de valets et se formaient sous leur direction à la pratique des armes. Henri IV forma avec des gendarmes d'élite une compagnie d'hommes d'armes de ses ordonnances. Cette compagnie devait l'accompagner partout et combattre à ses côtés. Elle fut versée sous Louis XIII dans les gardes du corps.

Jeudi 10 Février.

Sainte Scolastique.

1755. — MORT DE MONTESQUIEU.

Montesquieu naquit au château de la Brèche, près de Bordeaux, en 1689, d'une famille noble. En 1714, il fut reçu conseiller au Parlement de cette ville et devint président en 1726. Quelques temps après, il se démit de cette charge, pour s'adonner entièrement à l'étude. Il fut reçu à l'Académie française, en 1730, et mourut à Paris en 1755. Ses principaux ouvrages sont : l'Esprit des lois, les Considérations sur les causes de la grandeur et de la décadence des Romains, et ses Lettres persanes.

Vendredi 11 Février.

Saint Adolphe.

1650. — MORT DE DESCARTES.

Descartes naquit en Touraine à la Haye. Après avoir fait ses études chez les Jésuites, au collège de La Flèche, il embrassa la carrière des armes qu'il quitta bientôt pour s'adonner à la philosophie et aux sciences. Il passa quelque temps dans la retraite, et publia avec les encouragements du nonce du Pape et de plusieurs savants un exposé de son système philosophique. Il fit paraître successivement son discours de la méthode, ses méditations méthaphysiques, son discours sur les passions de l'âme. En 1647, le roi lui assigna malgré lui une pension de 3,000 livres. Il mourut en 1650 à Stockolm et son corps fut rapporté en France et enterré à Sainte-Geneviève

Samedi 12 Février.

Saint Damien, mart.

—

1553.—DÉCISION EN FAVEUR DES ENFANTS ÉLEVÉS A L'HOPITAL DE LA TRINITÉ.

On permit aux maîtres d'avoir un second apprenti à condition qu'ils le choisiraient parmi les enfants pauvres élevés dans l'hôpital de la Trinité.

1316. — FONDATION D'UN REFUGE DE NUIT.

Cette fondation est due à la libéralité de Jean de Lyons.

On recevait dans cette maison les femmes et les filles sans ressources et on les nourrissait jusqu'à ce qu'elles aient trouvé du travail.

Dimanche 13 Février.

Septuagésime.

—

1396. — CHARLES VI ABOLIT LA COUTUME DE REFUSER DES CONFESSEURS AUX CRIMINELS CONDAMNÉS A MORT.

Cette ordonnance fut strictement exécutée dans toute la France. A Paris la mission d'assister les condamnés fut confiée successivement aux Cordeliers et aux docteurs de la maison de Sorbonne.

1313 — FONDATION DU COLLÈGE DE LAON.

Ce collège a été fondé par Guy de Laon, chanoine de l'église de Laon et Raoul de Presle, secrétaire de Philippe le Bel, pour des étudiants sans fortune des diocèses de Laon et de Soissons.

Lundi 14 Février.

Saint Valentin.

—

1671. — FONDATION DES INVALIDES.

Philippe-Auguste fut le premier qui eut l'idée d'ouvrir un hôpital pour secourir les soldats infirmes. Mais il est probable qu'il ne mit pas son projet à exécution, car la coutume de répartir les invalides dans les différents monastères de fondation royale continua même après sa mort. Le premier hôpital militaire est celui des Quinze-Vingts que saint Louis fonda pour trois cents chevaliers auxquels les Sarrazins avaient crevé les yeux. Après lui, Henri III établit sous le nom de maison de la Charité chrétienne un hôpital destiné aux soldats qui avaient contracté quelque infirmité au service. Louis XIV enfin réalisa la pensée de ses prédécesseurs, et fit bâtir un superbe hôtel pouvant contenir quatre mille soldats et officiers. Les Suisses protestants n'étaient pas admis aux Invalides, mais on leur servait une pension de 75 livres à domicile. Les soldats qui pouvaient encore faire quelque service n'étaient pas placés dans cette maison; ils formaient des compagnies spéciales que l'on employait à la garde de postes peu fatiguants.

Mardi 15 Février.

Sainte Julienne.

—

1576. — NAISSANCE DU CARDINAL DE BÉRULLE, FONDATEUR DE LA CONGRÉGATION DE L'ORATOIRE.

Pierre de Bérulle, fils du conseiller d'État, Claude de Bérulle fut un des hommes les plus distingués de son temps par sa science et par la profondeur de son esprit. Sur les conseils du Cardinal de Gondi, de saint François de Sales et de César de Bus, il fonda en 1611 la congrégation de l'Oratoire, dans laquelle on recevait les prêtres qui désiraient s'adonner d'une manière spéciale à la prédication ou à l'enseignement.

Cette congrégation s'accrut rapidement et fut approuvée en 1613, par le pape Paul V.

Quelques années plus tard les oratoriens fondèrent un collège à Dieppe pour l'enseignement des lettres et de la philosophie. A la fin du XVIIIe siècle ils possédaient soixante-quinze maisons d'éducation en France

Mercredi 16 Février.

Saint Onésime, conf.

1618. — ARRÊT DU CONSEIL QUI PERMET AUX JÉSUITES D'ENSEIGNER DANS TOUTE L'ÉTENDUE DE LA FRANCE.

Les Jésuites usèrent largement de cette permission et couvrirent bientôt la France d'établissements où toute la jeunesse d'élite du royaume venait étudier.

En 1764 quand la congrégation fut dissoute, ils possédaient en France cent dix maisons d'éducation dont quarante étaient situées dans le ressort du parlement de Paris.

Dans certaines villes, ils avaient été obligés de fonder plusieurs collèges pour satisfaire aux demandes des pères de famille qui voulaient faire élever leurs enfants par les membres de cette illustre compagnie.

1781. — ARRÊT CONCERNANT LES BOURSES DES COLLÈGES.

Cet arrêt soumettait les boursiers à des examens et ordonnait de chasser des collèges tous ceux qui ne montraient que de médiocres dispositions pour l'étude.

Jeudi 17 Février.

Saint Théodule, conf.

1419. — INJONCTION DE PORTER LES GRAINS ET LES FARINES AUX HALLES.

Le bon marché des objets nécessaires à l'alimentation fut le souci de tous les rois et l'objet de la sollicitude des municipalités.

Charlemagne avait pris de nombreuses précautions pour prévenir les accaparements et empêcher les spéculations sur les grains, et ses successeurs avaient complété son œuvre par de sages prescriptions. Dans les villes, les années où les récoltes laissaient à désirer, les échevins visitaient soigneusement les greniers des habitants, faisaient porter au marché tout ce qui excédait les limites d'une large provision et il était défendu aux boulangers et aux marchands de grains de faire leurs achats avant que le gros de la population ait eu le temps de s'approvisionner.

Vendredi 18 Février.

Saint Siméon, év. parent du Sauveur.

—

1717. — ÉTABLISSEMENT D'UNE ACADÉMIE D'ARCHITECTURE.

Cette académie fut fondée en 1671 par Colbert. Ce ministre réunit les plus habiles architectes de son temps et en forma une compagnie chargée d'élever des monuments publics et de donner son avis sur les projets d'embellissement des villes. Blondel fut le premier directeur de cette académie.

1333. — FONDATION DU COLLÈGE DE TOURS.

Ce collège doit sa fondation à Étienne de Bourgueil, archevêque de Tours. Il était spécialement destiné aux écoliers pauvres de la Touraine.

Samedi 19 Février.

Saint Gabin, conf.

—

1218. — ORDONNANCE CONTRE LES PRÊTS FAITS PAR LES JUIFS AUX PAUVRES.

Les Juifs avaient trouvé un odieux moyen de gagner de l'argent. Ils prêtaient à gros intérêts à des personnes peu aisées, puis quand ces dernières ne pouvaient les désintéresser, ils les réduisaient en esclavage, les vendaient et réalisaient ainsi un bénéfice considérable.

Philippe-Auguste, pour remédier à ces ignobles trafics, leur défendit, par son ordonnance de 1218, de prêter à ceux qui n'avaient que leur travail pour vivre. Plus tard saint Louis leur défendit tout prêt à intérêt et ne voulut pas qu'un débiteur fût emprisonné ou exproprié pour une dette contractée envers un Juif.

Dimanche 20 Février.

Sexagésime.

—

1580. — ÉTABLISSEMENT DE CHAMBRES ECCLÉSIASTIQUES DANS PLUSIEURS VILLES DU ROYAUME.

Ces chambres étaient des tribunaux chargés de juger en dernier ressort les différends survenus au sujet des doubles décimes et des charges imposées au clergé.

Chaque chambre était composée de l'archevêque du lieu où elle était établie, de quatre archevêques ou évêques et de trois conseillers du parlement. La présidence appartenait toujours à un magistrat de cette compagnie.

Pour rendre un arrêt valable, il fallait le concours de sept membres.

Les principales chambres ecclésiastiques étaient, celles de Paris, de Rouen, de Lyon, de Toulouse, de Bourges.

Lundi 21 Février.

Saint Félix de Metz.

—

1266. — MORT DE PIERRE DE MONTREUIL.

Pierre de Montreuil est un des plus célèbres architectes français du moyen âge. Ce fut lui qui bâtit la Sainte-Chapelle et différents autres monuments remarquables de l'époque.

Il fut enterré dans l'abbaye de Saint-Germain des Prés.

1334. — FONDATION DU COLLÈGE DE L'AVE MARIA.

Ce collège fut fondé par Jean Huban, conseiller du roi, pour des boursiers du village de Huban en Nivernais.

Mardi 22 Février.

Ste Marguerite de Cortone.

—

1473. — RÉCOMPENSE ACCORDÉE A JEANNE HACHETTE ET AUX FEMMES DE BEAUVAIS.

Jeanne Laisné, surnommée Jeanne Hachette, qui, à la tête des femmes de Beauvais, avait repoussé l'assaut du duc de Bourgogne, fut exemptée, ainsi que son mari et ses descendants, de la taille et de différentes autres charges. Louis XI ordonna en outre que tous les ans il y aurait une procession à Beauvais, que les femmes marcheraient avant les hommes et précéderaient immédiatement le clergé et qu'elles pourraient se parer ce jour-là comme elles le voudraient.

Mercredi 23 Février.

Saint Pierre Damien.

—

1312. — LETTRES PATENTES EN FAVEUR DE L'UNIVERSITÉ D'ORLÉANS.

Philippe-le-Bel approuva par ces lettres les règlements de l'université d'Orléans.

Le Pape Clément V, qui avait fait ses études dans cette ville, lui conféra des privilèges apostoliques.

1674. — MORT DE CHAPELAIN.

Jean Chapelain s'acquit une grande réputation par une ode qu'il adressa à Richelieu et qui fut alors très estimée. Mais sa réputation poétique tomba lorsqu'il fit paraître son poème de la Pucelle qu'il promettait depuis vingt ans. Il fu néanmoins membre de l'académie française et mourut à Paris en 1674.

Jeudi 24 Février.

Saint Mathias, apôtre.

—

1525. — MORT DE LA TRÉMOUILLE.

La Trémouille fut l'un des plus illustres généraux de son siècle. Il fut d'abord page de Louis XI et fit ses premières campagnes sous le commandement de Georges de la Trémouille, sire de Craon. Il fut nommé général de l'armée que le roi envoya contre François, duc de Bretagne qui avait donné asile dans ses états à Louis d'Orléans. Il fut vainqueur à la bataille de Saint-Aubin du Cormier et fit le prince d'Orléans prisonnier. Il prit part à différentes campagnes. Il fut tué à la bataille de Pavie en 1525.

Vendredi 25 Février.

Saint Césaire,

—

1669. — NOUVEL IMPOT SUR LES PLACES DE THÉATRE.

Dès que les théâtres commencèrent à fonctionner régulièrement et à devenir une distraction commune, on mit sur les places un impôt destiné à subvenir aux besoins des pauvres et des hôpitaux.

Cet impôt fut fixé en 1699 au sixième du prix des places. L'Opéra fut imposé comme les autres théâtres.

Samedi 26 Février.

Saint Nestor.

—

1669. — RÈGLEMENT POUR L'ACADÉMIE ROYALE DES SCIENCES.

Cette académie, établie en 1666 par les soins de Colbert à la sollicitation de plusieurs savants, ne reçut sa confirmation et son règlement qu'en 1669.

Elle se composait de géomètres, d'astronomes, de chimistes, d'anatomistes, de botanistes, de mathématiciens et de physiciens.

Les étrangers pouvaient en faire partie. Louis XIV lui donna un local au Louvre, pour tenir ses séances. Le roi récompensa souvent par des présents considérables ceux qui s'étaient le plus distingués dans cette compagnie.

Dimanche 27 Février.

Quinquagésime.

—

1614. — OUVERTURE DES ÉTATS-GÉNÉRAUX.

Les États-Généraux succédèrent aux assemblées du champ de Mars et du champ de Mai. Ils se composaient des trois ordres : le Clergé, la Noblesse et le Tiers-État. On ne les réunissait que dans de grandes circonstances. En leur absence, le roi gouvernait avec son Conseil. Le Parlement qui s'était arrogé le droit de remontrance exerçait un certain contrôle sur son administration.

Les États-Généraux furent réunis la première fois par Philippe-le-Bel en 1302 et la dernière fois en 1789.

Lundi 28 Février.

Saint Romain.

—

1663. — ÉTABLISSEMENT DE L'ACADÉMIE DES INSCRIPTIONS ET BELLES-LETTRES.

Le but de cette académie était de composer des inscriptions pour les monuments et de trouver des légendes pour les médailles que l'on faisait frapper à chaque événement remarquable.

Louis XIV augmenta dans la suite le nombre des académiciens et en fit un corps de savants chargé de travailler d'une manière spéciale à l'explication des médailles anciennes et d'étudier l'archéologie grecque et latine.

Cette académie tenait ses séances au Louvre.

Mardi 1er Mars.

Saint Aubin, évêque.

—

1761. — ÉTABLISSEMENT D'UNE SOCIÉTÉ D'AGRICULTURE DANS LA GÉNÉRALITÉ DE PARIS.

Dès 1757, il existait en Bretagne une société chargée de donner des conseils aux laboureurs sur les meilleurs procédés de culture, et de fournir aux propriétaires des subsides pour améliorer ou défricher leurs terres. La société fondée à Paris avait exactement le même but.

Elle installa des bureaux à Meaux, à Beauvais, à Sens.

1484. — LE ROI ORDONNE DE LEVER DES DROITS DE SERVAGE POUR L'ENTRETIEN DES ROUTES ET DES PONTS.

Pendant les guerres que la France avait soutenues contre les Anglais, l'entretien des chemins avait été fort négligé. Ils étaient devenus en beaucoup d'endroits presque impraticables. En 1481, des réclamations s'élevèrent à ce sujet des différents points du royaume. On eut recours à une levée fort onéreuse pour remettre les voies en état.

Sous Louis-le Débonnaire, un impôt semblable avait été levé sur le clergé, pour la construction et l'entretien des routes.

Mercredi 2 Mars.

Cendres, saint Simplice, p.

—

1388. — ORDONNANCE POUR LE PAVAGE DES RUES DE PARIS.

Les principales rues de Paris furent pavées pour la première fois sous le règne de Philippe-Auguste. Le roi et les principaux bourgeois en firent alors seuls les frais.

Petit à petit on pava les grandes rues de la capitale et on imposa aux propriétaires la charge du premier pavage. Cet exemple fut suivi par les principales villes du royaume.

Jeudi 3 Mars.

Sainte Cunégonde.

—

1690. — MORT DE CHARLES LE BRUN.

Charles le Brun naquit à Paris en 1618. Le chancelier Séguier qui avait remarqué en lui des grandes dispositions pour les arts, l'envoya à Rome pendant quelques années et pourvut à son entretien. Il fut nommé peintre du roi, directeur des manufactures des Gobelins, directeur chancelier et recteur de l'académie nationale de peinture. Louis XIV lui donna son portrait enrichi de diamants et l'anoblit. Il mourut à Paris en 1690.

Vendredi 4 Mars.

Saint Casimir.

—

1587. — ÉTABLISSEMENT D'UN COLLÈGE A CHARTRES.

L'Instruction était extrêmement répandue au XVIe siècle. Sur les vingt-trois universités que la France possédait en 1789, vingt et une existaient sous Henri IV. Presque toutes étaient déjà très anciennes, car dix-sept avaient été fondées au moyen âge.

Auprès de ces universités, ainsi que dans les principales villes du royaume, se trouvaient des collèges d'étudiants, tous pourvus de bourses et dans lesquels il y avait des jeunes gens de toutes les conditions.

Voici au point de vue de la position sociale des familles des écoliers une intéressante statistique qui peut nous donner une idée exacte de la composition des établissements d'instruction publique dans l'ancienne France : en 1668, il y avait dans la première classe du collège du Mans, c'est-à-dire, dans les cours supérieurs, 41 étudiants. Sur ces 41 élèves, 5 étaient fils de marchands et 11 étaient enfants d'artisans.

Samedi 5 Mars.

Saint Adrien.

—

1650. — ÉTABLISSEMENT DE CAROSSES DE LOUAGE A PARIS.

Jusqu'au XVIe siècle, on ne se servit des carosses que pour voyager. A l'intérieur des villes tout le monde, à l'exception des personnages de distinction et des dames qui employaient des chevaux et des mulets pour se transporter, allait à pieds. A la fin du règne de Louis XIII, les grands commencèrent à faire usage de leurs carosses dans Paris, et les bourgeois les imitèrent. En 1650, une entreprise de voitures de louage s'établit à l'hôtel Saint-Fiacre et prospéra rapidement.

Dimanche 6 Mars.

Quadragésime.

—

1661. — ÉTABLISSEMENT DU COLLÈGE DE MAZARIN.

Ce collège fut fondé par Mazarin pour l'instruction gratuite de soixante jeunes gentilshommes. On y enseignait les lettres, la rhétorique, la philosophie et les mathématiques

Cet établissement avait une bibliothèque remarquable qui était ouverte au public deux fois par semaine.

On admettait également dans ce collège un grand nombre d'externes.

Lundi 7 Mars.

Saint Thomas d'Aquin.

—

1597. — CRÉATION DE RELAIS DE CHEVAUX SUR LES GRANDS CHEMINS ET LE LONG DES RIVIÈRES POUR TRANSPORTER LES VOYAGEURS ET LES MARCHANDISES.

La poste aux chevaux était déjà fort ancienne en 1597. On la trouve établie sous les rois de la première race. Louis XI la réorganisa et fit placer des relais de chevaux sur les grands chemins, de quatre lieues en quatre lieues. Henri IV chercha à perfectionner les moyens de transport et multiplia les relais sur les grandes routes, le long des rivières et dans les chemins de traverses.

Mardi 8 mars.

Saint Jean de Dieu.

—

1566. — DÉCLARATION POUR LA NOMINATION AUX CHAIRES DE L'UNIVERSITÉ DE PARIS.

Cette déclaration prescrivait de donner les chaires des différentes facultés au concours.

Quand une vacance se produisait, le recteur en avertissait les autres universités du royaume et faisait savoir en même temps la date à laquelle l'examen devait avoir lieu. Au jour indiqué les candidats venaient faire des leçons devant un jury. On choisissait parmi les concurrents celui qui avait passé l'examen de la manière la plus brillante. On tenait également compte de l'ancienneté dans l'enseignement et du mérite des ouvrages que ces professeurs avaient composés.

Mercredi 9 Mars.

Ste Françoise, veuve, Q. T.

—

1764. — ARRÊT DU PARLEMENT QUI ENJOINT AUX JÉSUITES DE SORTIR DU ROYAUME DANS LE DÉLAI D'UN MOIS.

L'expulsion des jésuites eut pour l'enseignement des effets désastreux.....

« L'éducation, dit Chateaubriand, ne s'est jamais bien relevée depuis la chute des Jésuites. Ils étaient singulièrement agréables à la jeunesse ; leurs manières polies ôtaient à leurs leçons ce ton pédantesque qui rebute l'enfance. Comme la plupart de leurs professeurs étaient des hommes recherchés dans le monde, les jeunes gens ne se croyaient avec eux que dans une illustre académie. Naturalistes, chimistes, botanistes, mathématiciens, mécaniciens, astronomes, poètes, historiens, traducteurs, antiquaires, journalistes ; il n'y a pas une branche des sciences que les Jésuites n'aient cultivée avec éclat.

Que peut-on reprocher aux Jésuites ? Un peu d'ambition si naturelle au génie. »

Jeudi 10 Mars.

Les 40 martyrs.

—

1667. — CRÉATION D'UN LIEUTENANT DE POLICE A PARIS.

Le lieutenant de police était spécialement chargé de l'ordre et de la tranquillité dans la ville de Paris. Ses attributions étaient à peu près celles du préfet actuel. Le premier lieutenant de police fut Nicolas La Reynie.

1759. — CRÉATION DE L'ORDRE DU MÉRITE MILITAIRE.

Cette ordre fut créé pour récompenser les services des officiers étrangers appartenant à la religion protestante et auxquels l'ordre de St-Louis était inaccessible.

Il y avait quatre commandeurs : deux allemands et deux suisses.

La croix portait cette légende : *Pro virtute bellica.*

Vendredi 11 Mars.

Saint Firmin, abbé, Q. T.

—

1687. — BOSSUET PRONONCE L'ORAISON FUNÈBRE DU PRINCE DE CONDÉ.

L'usage de louer publiquement les morts illustres ne remonte en France qu'au XIVe siècle.

La première oraison funèbre fut prononcée en l'honneur de Bertrand du Guesclin, dans l'église de Saint-Denis devant Charles VI et sa cour.

L'oraison funèbre atteignit son apogée sous Louis XIV avec Bossuet et Fléchier.

1470. — LES ÉTUDIANTS D'AMIENS SONT EXEMPTÉS DE L'IMPOT SUR LE SEL.

Samedi 12 Mars.

Saint Grégoire-le-Grand.
Q. T.

—

1616. — INSTITUTION DES GARDES SUISSES.

Cette garde fut instituée pour récompenser les suisses de la fidélité qu'ils avaient montrée depuis des siècles aux rois. Cette garde ne disparut qu'avec la monarchie.

1348. — FONDATION DU COLLÈGE DE CAMBRAI.

Ce collège fut fondé par les exécuteurs testamentaires des évêques de Laon, de Reims et de Cambrai pour recevoir des écoliers pauvres de ces trois diocèses.

Dimanche 13 Mars.

Reminiscere. Ste Euphrasie.

—

1563. — MORT DE L'HOPITAL.

Michel de l'Hôpital naquit à Aigueperse, en 1505. Il reçut une éducation soignée et étudia les belles-lettres et le droit dans les plus célèbres Universités de France et d'Italie. Il fut conseiller au Parlement de Paris, puis chancelier de France sous François II.

Il mourut en 1573.

Lundi 14 Mars.

Sainte Mathilde.

—

1623. — NAISSANCE DE PIERRE PUGET.

Pierre Puget naquit à Marseille, en 1623. Il fut à la fois peintre, sculpteur et architecte. Il montra dès son enfance des dispositions extraordinaires pour le dessin. Il devint disciple de Roman, et, après avoir étudié en Italie, il fut appelé à Paris par Fouquet. Colbert lui fit donner une pension de 1200 écus en qualité de sculpteur du roi. La France et l'Italie possèdent des statues très remarquables, dues au ciseau de Puget.

Mardi 15 Mars.

Sainte Léonille, martyre.

—

1270. — SAINT LOUIS DONNE DES STATUTS AUX PATISSIERS.

La corporation des pâtissiers est une des plus anciennes. Elle existait à Paris dès 1060.

Les pâtissiers vendaient des gâteaux, de la volaille, du gibier, du pain d'épices et des vins fins.

Au XVe siècle, un flan à la crème valait à Amiens six deniers (90 cent.), un chevreuil coûtait 16 sous (29,28), un faisan 4 sols, 6 deniers, (8,10), une perdrix de 12 à 24 deniers (1,88 à 3,60), un chapon, 6 sols, (10,90), un poulet, 1 sol 6 deniers (2,70) et les pigeons, 1 sol 6 deniers la paire (2,70).

Les pâtissiers se chargeaient encore de préparer des repas et de les servir moyennant une rétribution qui variait de 10 à 14 sols, (18 à 25 fr.).

(Ces détails sont empruntés à la vie municipale au XVe siècle, du baron de Calonne.)

Mercredi 16 Mars.

Saint Cyriaque, diacre.

—

1595. — ORDONNANCE EN FAVEUR DES LABOUREURS.

L'agriculture fut remise en honneur au VIe siècle par les religieux. Les monastères étaient sur les différents points de la France le centre d'autant de colonies agricoles. Molesme, Cîteaux, une partie de la Champagne, de l'Anjou, de la Bretagne, de la Touraine, du Poitou, de la Gironde, du Périgord, les forêts de Savigny, de Coucy, d'Orges, de Laon, et les Hautes-Bruyères, près de Paris, furent défrichés par les Bénédictins, les Prémontrés, les Bernardins, et devinrent de fertiles campagnes. Les religieuses elles-mêmes ne dédaignaient pas le travail des champs. Montreuil-les-Dames et ses environs fut mis en culture par les Bénédictines.

Charlemagne, saint Louis, Charles V, Louis XI, Louis XII, ne négligèrent rien pour favoriser le développement de l'agriculture. Henri IV mit tout en œuvre pour augmenter la richesse des campagnes et assurer le bien-être des cultivateurs. Il fit dessécher les marais, multiplier les voies de communication et exempta les laboureurs de la contrainte par corps.

A la fin du XVIe siècle, la France exportait quantité de produits agricoles à l'étranger. L'aisance pénétrait peu à peu jusque dans les hameaux les plus reculés, et en 1610, quand Henri IV fut assassiné, le vœu du bon roi qui avait dit en parlant des paysans ; « Je veux qu'ils mettent une poule au pot tous les dimanches, » était en partie comblé.

Jeudi 17 Mars.

Saint Patrice.

—

1526. — PHILIPPE DE LUXEMBOURG FONDE UN COLLÈGE A PARIS.

Ce collége fut établi dans l'hôtel du cardinal Philippe de Luxembourg, évêque du Mans. Cet établissement était doté de bourses pour l'entretien d'écoliers sans fortune.

Vendredi 18 Mars.

Saint Gabriel, archange.

—

1602. — ÉTABLISSEMENT EN FRANCE DES FRÈRES SAINT-JEAN DE DIEU PAR HENRI IV.

Saint Jean de Dieu naquit en Portugal d'une famille obscure. Après avoir été simple berger, il embrassa la carrière des armes et fit partie de l'armée que Charles-Quint envoya contre les Turcs

De retour en Espagne, il s'adonna quelques temps au commerce. Il abandonna cette profession pour se vouer entièrement au service des malades. Il réunit quelques disciples, qui firent serment de consacrer leur vie aux soins des infirmes et des malheureux, et son institut fut approuvé par Paul V en 1550. Il mourut en 1572, et fut canonisé en 1690.

Dès les commencements du XVIe siècle, Henri IV attira ces religieux en France et leur accorda de nombreux privilèges.

Depuis ce temps, ils se consacrèrent dans les différents hôpitaux du royaume, aux soins des malades incurables et des maux les plus repoussants.

Samedi 19 Mars.

Saint Joseph, époux de la sainte Vierge.

—

1626. — MORT DU PÈRE COTTON.

Le Père Cotton naquit en 1564, à Néronde d'une famille noble. Il embrassa l'état ecclésiastique et s'adonna avec succès à la prédication. Il fut présenté à la cour par le connétable de Lesdiguières et devint le confesseur d'Henri IV. Après la mort de ce roi, il occupa cette fonction auprès de Louis XIII.

Dimanche 20 Mars.

Saint Joachim, père de la sainte Vierge.

—

1342. — ÉTABLISSEMENT DU GRENIER A SEL.

On appelait grenier à sel, des tribunaux chargés de juger en première instance les contraventions aux ordonnances sur la gabelle. Ces tribunaux existaient dans les principales villes de France.

Lundi 21 Mars.

Saint Benoît.

—

1355. — PREMIÈRE CAPITATION GÉNÉRALE LEVÉE PAR LE ROI JEAN.

En 1266, saint Louis avait imposé une capitation pour subvenir aux frais d'une seconde croisade. Mais elle ne fut pas générale car les nobles, les privilégiés et ceux qui vivaient du travail de leurs mains, ne la payèrent pas... Pour asseoir cet impôt, le roi voulut « qu'on choisît de l'avis des gens de bien, 30 ou 40 personnes dans chaque paroisse selon le nombre des habitants pour en élire 12 chargés de répartir sans préjugé de haine ou d'amitié la cotisation de chacun. » La première capitation générale fut levée par le roi Jean. Elle fut payée par les nobles, les privilégiés, les détenteurs de bénéfices, aussi bien que par les non privilégiés. Les veuves, les enfants et les religieuses, furent seuls exemptés.

La capitation fut rétablie en 1701 et dura jusqu'à la révolution.

Mardi 22 Mars.

Sainte Catherine de Gênes.

1269. — FONDATION DU COLLÈGE DE CLUNY.

Ce collège fut fondé par Yves de Vergi, abbé de Cluny pour les religieux de cet ordre qui voudraient venir étudier à Paris et y prendre leurs grades.

Ce collège avait dès 1279 une bibliothèque dans laquelle se trouvaient tous les livres nécessaires aux étudiants.

Mercredi 23 Mars.

Saint Victorien.

1331. — LES ÉTUDIANTS SONT EXEMPTÉS DE TOUS DROITS POUR LA VENTE EN GROS ET EN DÉTAIL DES DENRÉES DE LEURS PATRIMOINES.

1682. — LOUIS XIV CONFIRME LA CÉLÈBRE DÉCLARATION DU CLERGÉ DE FRANCE.

Louis XIV, en désaccord avec Rome au sujet de la régale, avait réuni une assemblée de trente-cinq évêques et d'autant de députés qui avaient formulé quatre propositions renfermant dans d'étroites limites le pouvoir des papes sur les choses temporelles. Il confirma presque aussitôt cette déclaration du clergé, la fit enregistrer par tous les Parlements, et ordonna aux facultés de théologie de ne rien enseigner de contraire. Sous le ministère du cardinal Fleury, une partie de cette déclaration fut désavouée par une assemblée de prélats.

Jeudi 24 Mars.

Saint Siméon, enf. (mi-carême.)

—

1776. — ÉTABLISSEMENT D'UNE CAISSE D'ESCOMPTE.

Cette caisse fut fondée par Turgot pour escompter les papiers de commerce. Cette création fut accueillie favorablement du public et rendit de grands services à l'industrie.

La caisse d'escompte a été supprimée en 1793.

Vendredi 25 Mars.

Annonciation de la sainte Vierge.

—

1685. — PUBLICATION DU CODE NOIR.

On a donné le nom de Code noir à une ordonnance de Louis XIV sur le régime des colonies. Elle était en bien des points très favorable aux habitants des îles nouvellement conquises ou achetées par la France.

Samedi 26 Mars.

Saint Rupert.

—

1268. — PRAGMATIQUE SANCTION.

On donne le nom de pragmatique sanction à certaines ordonances royales qui règlent les rapports de l'Église de France avec la cour de Rome. La première pragmatique sanction date de saint Louis. Dans ses principales dispositions, elle accordait : aux prélats et collateurs de bénéfices la jouissance paisible de tous leurs droits ; aux églises cathédrales, la liberté d'élire leurs prélats ; l'abolition de la vénalité des bénéfices et elle défendait à la cour de Rome de lever des deniers dans le royaume sans la permission du roi et l'agrément de l'Église gallicane.

Dimanche 27 Mars.

Lœtare. Saint Alexandre.

—

1397. — JACQUES DE BOURBON EST NOMMÉ PREMIER PRÉSIDENT DE LA CHAMBRE DES COMPTES.

Cette chambre était chargée d'examiner les comptes et de juger ceux qui avaient reçu des deniers royaux. Son origine remonte à Clovis II. Elle était composée de seigneurs des comptes, de prélats et de financiers.

En dehors de la vérification des comptes, qui était sa principale attribution, elle enregistrait les serments des évêques et archevêques pourvus de bénéfices de fondation royale. Elle vérifiait les privilèges des provinces, des villes, ainsi que les lettres portant permission d'établir des foires et marchés. Elle enregistrait les déclarations de guerre, les traités de paix, et les contrats de mariage des rois.

Il y avait une chambre des comptes à Paris et neuf chambres dans les provinces.

Lundi 28 Mars

Saint Sixte

1526. — LE CLERGÉ FAIT UN DON GRATUIT DE TREIZE CENT MILLE LIVRES POUR LA RANÇON DE FRANÇOIS 1er.

Voici, d'après Voltaire, quelle était la richesse du clergé français et la part qu'il prenait aux charges de l'Etat. « Ce que payait le clergé de France, dit-il, allait, année commune, à environ deux millions cinq cents mille livres; et depuis la valeur des espèces ayant augmenté numériquement, ils ont secouru l'Etat d'environ quatre millions par année sous le nom de décimes, de subventions extraordinaires, de dons gratuits... »

On s'étonne en Europe et en France que le clergé paye si peu : on se figure qu'il jouit du tiers du royaume... mais on se fait des idées vagues et des préjugés sur tout. Il est incontestable que l'Eglise de France est celle qui a le moins accumulé de richesses. Ceux qui ont examiné cette matière avec des yeux aussi sévères qu'attentifs, n'ont pu porter les revenus de toute l'Eglise gallicane, au delà de quatre-vingt-dix-millions. Ce n'est pas exhorbitant pour l'entretien de 90,000 personnes religieuses et environ 160,000 ecclésiastiques que l'on comptait en 1700.

D'après ces chiffres, le clergé donnait par an 22,5 0/0 de son revenu à l'Etat et chacun de ses membres n'avait pas en moyenne plus de 334 livres de rente.

Il ne faut pas oublier que le clergé payait les impôts indirects sur les consommations.

Mardi 29 Mars.

Saint Eustase.

1258. — SAINT LOUIS DÉFEND LES GUERRES PRIVÉES.

Les Seigneurs s'étaient constamment arrogé le droit de régler les différends qui survenaient entre eux par les armes, et se livraient des guerres entre voisins. Charlemagne, Charles le Chauve, Hugues Capet, ne pouvant s'opposer à cette coutume, avaient pris de sages mesures pour les empêcher de ruiner les campagnes. Saint-Louis fit plus, il défendit toute guerre privée, et, en cas d'infraction à cette prohibition, il rendit les Seigneurs responsables des dommages causés aux laboureurs et aux cultivateurs.

Mercredi 30 Mars.

Saint Rieul, évêque.

—

1613. — NAISSANCE DE LE MAISTRE DE SACY.

Louis Isaac Le Maistre de Sacy naquit à Paris en 1613. Il montra dès sa jeunesse beaucoup de dispositions pour les sciences et pour les lettres. Ayant embrassé l'état ecclésiastique, il se retira à Port-Royal. Il fut enfermé à la Bastille, où pendant sa captivité il commença la traduction de la Bible. Rendu à la liberté, il se retira au château de Pompone, où il mourut en 1684.

Ses principaux ouvrages sont : La vie de Dom Barthélemy des Martyrs, une traduction des Psaumes, une traduction des sermons de Saint Jean Chrysostôme sur Saint Mathieu, etc.

Jeudi 31 Mars.

Saint Amédée.

—

1302. — FONDATION DU COLLÈGE DU CARDINAL LEMOINE.

Le cardinal Lemoine acheta en 1302, dans le quartier Saint-Victor, la maison des frères ermites de Saint-Augustin, et établit le collège qui porte son nom Il fonda également des bourses pour des écoliers pauvres. Le célèbre Amyot fut boursier de cet établissement.

Vendredi 1er Avril.

Sainte Valérie.

—

1485. — PRIVILÈGES ACCORDÉS AUX LIBRAIRES DE PARIS.

Charles VIII exempta les libraires de Paris de la taille, de l'impôt sur le vin et les fruits de leurs propriétés. Ces privilèges leur étaient accordés pour les récompenser des services qu'ils rendaient à l'université et aux étudiants.

1634. — LOUIS XIV POSE LA PREMIÈRE PIERRE DU VAL-DE-GRACE.

L'église du Val-de-Grâce fut exécutée sur les dessins de Mansard.

C'était dans une de ses chapelles que l'on déposait les cœurs des reines et des princes de la maison royale.

La fondation de cette abbaye remonte au IXe siècle.

Samedi 2 avril.

Saint François de Paule, Confesseur.

—

1540. — ÉDIT POUR RENDRE L'AUNAGE UNIFORME DANS TOUT LE ROYAUME.

Les poids et les mesures avaient été uniformes dans tout le royaume au temps de Charlemagne.

Sous ses successeurs, beaucoup de pays adoptèrent des mesures particulières, qu'ils gardèrent, malgré les efforts d'un grand nombre de rois, jusqu'à la fin du XVIIIe siècle.

Dimanche 3 Avril.

Dimanche de la Passion.

—

1613. — FONDATION DES RELIGIEUSES DE LA VILLE L'ÉVÊQUE.

Ces religieuses eurent pour fondatrices, Catherine d'Orléans, princesse de Longueville, et Marguerite d'Orléans d'Estouteville. Elles dépendaient de l'abbaye de Montmartre et s'occupaient de différentes œuvres de charité.

Lundi 4 Avril.

Saint Isidore, conf. et doc.

—

1453. — ORDONNANCE SUR LA RÉFORMATION DE LA JUSTICE CIVILE.

Cette ordonnance, qui est une des plus importantes du règne de Charles VII, est la première codification des lois de la procédure française. Elle débute par la réforme du personnel judiciaire, fixe le nombre des conseillers et des présidents du parlement, trace les limites de leur compétence, règle le mode de tenue des audiences, fait disparaître certaines procédures inutiles qui entravaient la marche des procès et met ordre aux fraudes que commettaient des procureurs peu scrupuleux pour augmenter le chiffre de leurs honoraires.

Mardi 5 Avril.

Saint Vincent-Ferrier.

1182. — CONFISCATION DES BIENS APPARTENANT AUX JUIFS.

Les Juifs étaient depuis longtemps détestés à cause de leur habitude d'usure et de leur dureté envers leurs débiteurs. On leur prêtait, en outre, des coutumes horribles. On les accusait d'égorger des enfants le Vendredi Saint et de boire le sang des chrétiens dans des solennités secrètes. Le peuple se déchaîna souvent contre eux. En 1095, ils furent égorgés dans un grand nombre de villes. En 1147, ils n'échappèrent à un massacre général que par l'intervention de saint Bernard. Malgré les persécutions, ils n'en avaient pas moins amassé d'immenses richesses, et, sous Philippe-Auguste, ils étaient créanciers pour des sommes énormes, prêtées à taux usuraires, d'une partie de la population parisienne. Philippe-Auguste confisqua leurs biens, leur ordonna de sortir de ses terres dans le délai de trois mois, déclara leurs créances illégitimes et déchargea tout français des obligations contractées envers les juifs en payant le cinquième de la dette au roi. Il ne laissa aux juifs que leur argent comptant et leurs meubles.

Mercredi 6 Avril.

Saint Célestin.

1667. — ORDONNANCE SUR LA PROCÉDURE.

L'ordonnance de 1667 est une des plus importantes du règne de Louis XIV. Elle accéléra la marche des procès, régla la tenue des registres de l'Etat civil, et établit une procédure uniforme pour toute la France.

Le code de procédure actuel a fait de nombreux emprunts à cette ordonnance.

Jeudi 7 Avril.

Sanit Albert, confesseur.

—

1764. — ÉTABLISSEMENT D'UN COLLÈGE ROYAL A LA FLÈCHE POUR L'ÉDUCATION GRATUITE DE 250 JEUNES GENTILSHOMMES QUI SE DESTINENT A L'ÉCOLE MILITAIRE DE PARIS.

Après l'expulsion des Jésuites on fit du collège de la Flèche une succursale de l'école militaire de Paris. Les jeunes gens qui aspiraient à cette école étaient d'abord envoyés dans ce collège jusqu'à l'âge de 14 ans. Ceux qui semblaient n'avoir aucun goût pour la carrière des armes restaient à la Flèche jusqu'à la fin de leurs études ; ceux qui au contraire montraient des dispositions pour le métier militaire venaient à l'école de Paris.

Vendredi 8 Avril.

Saint Gauthier, abbé.

—

1656. — MORT DE GÉROME BIGNON.

Bignon naquit à Paris en 1590. A l'âge de treize ans, il avait déjà publié une description de la terre sainte, un traité des antiquités romaines et une histoire de l'élection des papes. Henri IV le plaça en qualité d'enfant d'honneur auprès du dauphin. Il profita des loisirs que lui laissait cet emploi pour composer un traité de l'excellence des rois et du royaume de France. Bignon devint avocat général du grand conseil en 1620, puis avocat général du Parlement de Paris en 1641. Il fut nommé bibliothécaire du roi en 1645 et mourut en 1656.

Samedi 9 Avril,

Sainte Marie de Cléophas.

1513. — DÉCLARATION EN FAVEUR DE L'IMPRIMERIE.

L'imprimerie, inventée en Allemagne vers le milieu du XVe siècle, se répandit rapidement en France grâce à la protection et aux encouragements qu'elle rencontra dans ce pays. Louis XI, en considération des services qu'elle rendait à l'université et aux étudiants, avait exempté des imprimeurs du droit d'aubaine. Louis XII voulut également favoriser cette industrie, et dans ce but, il exempta de tailles, d'aides, subsides et autres charges, les libraires-imprimeurs de Paris.

Le préambule de cette ordonnance révèle de la part de ce prince un grand enthousiasme et une grande admiration pour cette découverte. Il accorde ces privilèges, dit-il : « Pour considération du grand bien qui est advenu en son royaume au moyen de l'art et science d'impression, l'invention de laquelle semble être plus divine qu'humaine, par laquelle notre sainte foi catholique a été grandement augmentée et corroborée, la justice mieux entendue et administrée, et le divin service plus curieusement fait, dit et célébré, et au moyen de quoi tant de bonnes et salutaires doctrines ont été manifestées, communiquées et publiées »

Dimanche 10 Avril.

Rameaux.

1514. — PERMISSION ACCORDÉE AUX CLERCS DE LA BAZOCHE DE DONNER DES REPRÉSENTATIONS THÉATRALES.

Les bazochiens étaient une communauté de clercs du Parlement dont l'origine remontait à 1303. Ces jeunes gens célébraient certains jours de fêtes très bruyamment et donnaient des représentations dans lesquelles ils faisaient souvent les allusions les plus piquantes à l'adresse de personnages en vue.

L'autorité fut obligée d'intervenir pour réprimer cette licence. Louis XII leur défendit de dire quoi que ce soit du roi et des femmes de la cour dans leurs pièces. Henri III interdit leurs spectacles.

Lundi 11 Avril.

Saint Léon-le-Grand.

1418. — HOMOLOGATION DES STATUTS DE L'UNIVERSITÉ D'ANGERS.

Ces statuts étaient relatifs aux conditions de capacité des professeurs, au temps d'études exigé des élèves pour parvenir aux différents grades et à la discipline de l'université.

Tous les docteurs régents avaient le droit de faire des leçons. Les écoliers choisissaient librement leurs professeurs et ceux-ci ne pouvaient exiger plus de vingt sous par an des étudiants.

Mardi 12 Avril.

Saint Jules, pape.

1309. — POSE DE LA PREMIÈRE PIERRE DE LA CHAPELLE DU COLLÈGE DE NAVARRE.

Le collège avait été fondé en 1303 par Jeanne de Navarre, femme de Philippe le Bel, pour l'enseignement des lettres, de la philosophie, et de la théologie. Après la mort de cette princesse, survenue en 1304, on fit bâtir, avec les deniers laissés par son testament, un vaste établissement sur la montagne Sainte Geneviève et l'on plaça le restant en rentes ce qui permit d'entretenir annuellement 70 élèves pauvres.

Ce collège devint bientôt un des plus fréquentés et un des plus célèbres. A la fin du XIVe siècle, on fut obligé d'y admettre des externes, tant le nombre des demandes d'admission était grand.

Henri III, Henri IV, Pierre d'Ailly, Gerson, Richelieu, Bossuet, etc... ont fait leurs études au collège de Navarre.

Mercredi 13 Avril.

Saint Justin, martyr.

—

1598. — ÉDIT DE NANTES.

Cet édit accordait aux protestants le libre exercice de leur religion, la faculté d'être admis aux charges publiques, d'avoir des écoles et des prêches presque partout.

Le Parlement accueillit mal cet édit et les magistrats vinrent faire des remontrances au roi. Henri IV montra une fermeté inébranlable et il fut définitivement enregistré.

Jeudi 14 Avril.

Jeudi Saint.

—

1719. — PERMISSION ACCORDÉE A L'UNIVERSITÉ DE RENDRE LES COURS DES COLLÈGES DE PARIS GRATUITS.

Ce mouvement en faveur de l'instruction gratuite est dû à la rivalité qui existait entre les Jésuites et l'université. Ces pères, depuis qu'ils avaient obtenu la permission de fonder des maisons d'éducation en France, n'avaient jamais fait payer leurs leçons, et leurs cours avaient toujours été suivis pour rien.

Le régent permit à l'université d'admettre les élèves des neuf collèges universitaires de Paris à venir aux cours sans donner aucune rétribution aux professeurs ou à la maison.

La concurrence des écoles avait fondé la gratuité de l'enseignement.

Vendredi 15 Avril.

Vendredi Saint.

—

1600. — NAISSANCE DE BLANCHARD.

Jacques Blanchard naquit à Paris en 1600. Il se fit remarquer encore tout jeune, par ses dispositions pour le dessin. Il alla en Italie, et se fixa à Venise où il se livra à une étude particulière des œuvres du Titien. De retour à Paris, il exécuta pour sa réception à l'académie de Saint-Luc, un tableau représentant saint Jean dans l'île de Patmos. Il peignit une Pentecôte que la communauté des orfèvres offrit à Notre-Dame, et mourut à Paris en 1638.

Samedi 16 Avril.

Samedi Saint.

—

1720. — POSE DE LA PREMIÈRE PIERRE DU PALAIS BOURBON.

Ce palais fut bâti par Louise Françoise de Bourbon. Il fut exécuté sur les dessins de Giordani.

Après la mort de cette princesse, il passa au prince de Condé.

1737. — ÉTABLISSEMENT D'UN GRENIER D'ABONDANCE A PARIS.

Ce grenier était un immense magasin contenant des provisions nécessaires pour alimenter Paris pendant un certain temps, en cas de famine ou de blocus.

Dimanche 17 Avril.

Pâques.

—

1679. — RÉTABLISSEMENT DE L'ENSEIGNEMENT DU DROIT CIVIL EN FRANCE.

L'enseignement du droit civil subit une longue interruption en France. Il avait été proscrit de l'université en 1580 par Henri III.

Louis XIV le rétablit dans toutes les univérsités du royaume.

Lundi 18 Avril.

La bienheureuse Marie de l'incarnation.

—

1663. — RÉCOMPENSES ACCORDÉES AUX SAVANTS DE LA FRANCE ET DE L'ÉTRANGER.

Louis XIV fit dresser une liste des hommes les plus distingués de l'Europe, envoya aux uns des présents et accorda aux autres des pensions,

« Quoique le roi ne soit pas votre souverain, écrivait Colbert aux savants étrangers, il veut être votre bienfaiteur; il m'a commandé de vous envoyer la lettre de change ci-jointe comme un gage de son estime. »

Atlazzi, bibliothécaire du Vatican, Gratiani secrétaire d'État du duc de Modène, Viviani, Vossius, Huyghens etc., eurent part aux libéralités du roi. En France, Racine, Fléchier, Molière, Corneille, Chapelain, et une foule d'autres furent gratifiés chacun d'une pension.

Mardi 19 Avril.

Saint Parfait.

—

1630. — NAISSANCE DE NANTEUIL.

Robert Nanteuil naquit à Reims en 1630. Il était fils d'un modeste marchand de cette ville. Dès son enfance, il montra des dispositions extraordinaires pour le dessin. Il vint à Paris où il s'acquit une grande réputation pour ses portraits au pastel. Il fit ceux de Louis XIV, de la reine mère, du cardinal Mazarin, de Turenne, etc. Le roi, pour le récompenser, créa en sa faveur une charge de dessinateur et graveur de son cabinet avec des appointements de 1,000 livres.

Il mourut à Paris en 1678.

1659. — FONDATION DE LA SALPÊTRIÈRE.

Cet hôpital fut construit pour servir de maison de retraite aux ménages pauvres. Le cardinal Mazarin donna cent mille francs pour la construction des bâtiments et laissa encore, par son testament, soixante mille livres pour cette œuvre.

La Salpêtrière avait un lieu réservé pour les petits enfants et servait de maison d'accouchement.

Mercredi 20 Avril.

Sainte Emma.

—

1491. — ORGANISATION DU GUET A PARIS.

On appelait guet, la surveillance organisée pour veiller à la sûreté des citoyens.

Cette institution remonte aux premiers temps de la monarchie, car on la trouve mentionnée dans des ordonnances de Clotaire II et dans les capitulaires de Charlemagne. Il y avait deux sortes de guets: le guet assis et le guet royal. Le guet assis était fait par les marchands et les artisans qui se relevaient tous les jours. Leur besogne était plus ennuyeuse que pénible, car ils n'étaient astreints qu'à rester au poste et ne marchaient qu'en cas de besoin pressant. Le guet royal était composé de sergents qui faisaient des rondes toute la nuit, sous le commandement des chevaliers du guet. Peu à peu, on dispensa les bourgeois du guet et l'on augmenta le guet royal. En 1559 les compagnies bourgeoises furent définitivement supprimées.

Jeudi 21 Avril.

Saint Anselme, év. et conf

—

1475. — PRIVILÈGE ACCORDÉ A DEUX IMPRIMEURS.

Conrart Hanequin et Pierre Scheffer, habitants de Mayence, sont exemptés du droit d'aubaine par Louis XI, pour avoir perfectionné l'imprimerie. Le roi leur accorda cette faveur, parce que, dit-il : « Par leur industrie ils ont fait, plusieurs livres tant d'histoire que d'autres sciences qu'ils ont envoyés à Paris et qu'ils ont aussi rendu un grand service à l'université et aux étudiants. »

1142. — MORT D'ABÉLARD.

Abélard naquit au village de Palais à quatre lieues de Nantes. Il fit de brillantes études, et enseigna encore tout jeune la philosophie. Il se retira à l'abbaye de Saint-Denis et alla quelques années après en Champagne où il fonda une école célèbre. Il mourut à l'âge de 63 ans et son corps fut enterré au Paraclet, oratoire qu'il avait fait bâtir dans le diocèse de Troyes.

Vendredi 22 Avril.

Saint Théodore.

—

1617. — MORT DE LOISEL.

Antoine Loisel naquit à Beauvais en 1536. Il étudia d'abord à Paris sous Pierre Ramus. Il alla ensuite à l'université de Toulouse puis à celle de Bourges où enseignait le célèbre Cujas. Il s'acquit une grande réputation par ses plaidoyers et devint avocat au parlement de Paris. Il se lia d'une étroite amitié avec le président de Thou, le chancelier de l'Hôpital et d'autres grands hommes de son temps. Il mourut à Paris en 1617, laissant des ouvrages très remarquables.

1562. — MORT DU CARDINAL DE TOURNON.

Le Cardinal de Tournon fut un des principaux conseillers de François Ier. Il devint archevêque de Lyon et abbé de Saint-Germain des Prés. Le pape Clément VII le fit cardinal, et le roi lui donna le gouvernement du Lyonnais. Il fonda à Paris le collège de Tournon auquel il légua une rente pour pourvoir à l'entretien d'écoliers sans fortune.

Samedi 23 Avril.

Saint Georges, martyr.

—

1631. — NAISSANCE DE RICHELET.

César-Pierre Richelet naquit en 1631, à Cheminon, en Champagne. Il s'appliqua à l'étude de la langue française et s'acquit une grande réputation par ses ouvrages. Il s'est rendu célèbre par son dictionnaire français et son dictionnaire des Rimes.

Dimanche 24 Avril

Quasimodo, saint Fidèle

—

1665. — EXEMPTIONS EN FAVEUR DES FAMILLES NOMBREUSES.

Louis XIV exempta de la taille tous les pères de famille qui avaient 10 enfants. Il accorda les mêmes exceptions, mais pour cinq ans seulement, à tous ceux qui se mariaient avant vingt ans.

Lundi 25 Avril.

Saint Marc.

—

1420. — CHARLES VI CONFIRME DIFFÉRENTS PRIVILÈGES ACCORDÉS AUX ÉTUDIANTS.

Les principaux privilèges que le roi confirme par cette ordonnance sont : l'exemtion des aides et des subsides, et la faveur de ne pas faire le guet.

1777. — SECOURS ACCORDÉS AUX NOURRISSONS DES PAUVRES DE PARIS ÉLEVÉS A LA CAMPAGNE.

Le grand Conseil, dans le but de venir en aide aux familles peu aisées, décide que, tous les ans, il serait envoyé dans les provinces de l'Ile de France, de la Picardie, etc. des boîtes de médicaments et d'objets nécessaires aux enfants en bas âge, pour être distribués gratuitement aux nourrissons des pauvres de Paris élevés à la campagne.

Mardi 26 Avril.

S.S. Clet et Marcelin, p.p. m.m.

—

1672. — ARRÊT DU CONSEIL QUI DONNE LA LIBERTÉ A TOUS CEUX QUI SONT DÉTENUS DANS LES PRISONS DE NORMANDIE POUR CAUSE DE MAGIE ET DE SORTILÈGE.

On crut longtemps à la magie et au sortilège, et les Parlements sévirent souvent dans l'ancienne France, contre de prétendus sorciers. Louis XIV défendit aux tribunaux de recevoir aucune accusation de ce genre et fit donner la liberté à tous ceux qui étaient détenus sous cette inculpation.

Mercredi 27 Avril.

S.S. Soter et Caius, p. et m.

—

1113. — APPROBATION DES DEUX COMMUNAUTÉS DE FONTEVRAULT.

L'abbaye de Fontevrault, fondée au XIe siècle par Robert d'Arbrissel, fut approuvée par le pape Pascal II, en 1113. Elle comprenait deux monastères distincts : un de religieux et un autre de religieuses.

On suivait à Fontevrault la règle de saint Benoît, on s'occupait de travaux des champs, de l'éducation de la jeunesse et d'œuvres charitables.

Jeudi 28 Avril.

S. Paul de la Croix, conf.

—

1604. — NAISSANCE DE PATRU.

Olivier Patru fut un des meilleurs écrivains et un des plus grands critiques du XVIIe siècle. Sa réputation lui mérita une place à l'Académie Française, où il fut reçut en 1640.

Colbert, les dernières années de sa vie, lui fit servir une pension de cinq cents écus.

On a de lui des plaidoyers et d'autres ouvrages très remarquables.

Vendredi 29 Avril.

Saint Pierre, martyr.

—

1667. — COMMENCEMENT DE L'OBSERVATOIRE.

L'Observatoire a été exécuté d'après les desseins de Perrault. Il fut achevé en 1671. Cassini en fut le premier directeur.

1637. — CRÉATION DE L'HOPITAL DES INCURABLES.

Cet hôpital fut fondé par le cardinal de la Rochefoucauld pour les malades incurables. Il était desservi par des sœurs de charité.

Samedi 30 Avril.

Sainte Catherine de Sienne

—

1365. — RAYMOND V, PRINCE D'ORANGE, ÉTABLIT UNE UNIVERSITÉ A ORANGE.

1563. — CRÉATION DU RÉGIMENT DES GARDES FRANÇAISES.

Ce régiment fut créé par Charles IX. Il se composait de dix compagnies de cinquante hommes chacune, qui étaient employées sous le commandement d'un capitaine à la garde des châteaux que le roi habitait.

Louis XIII et Louis XIV augmentèrent ce régiment.

En 1691, ses capitaines eurent le rang de colonel.

Ce régiment fut licencié en 1789.

Dimanche 1er Mai.

Saint Philippe et saint Jacques.

—

1716. — ÉTABLISSEMENT DE LA BANQUE DE LAW.

La Banque de Law fut fondée au capital de 6,000,000 divisé en 1200 actions. Elle recevait les dépôts, escomptait le papier de commerce, et émettait elle-même des billets payables à vue.

En 1718, Law joignit à sa banque une compagnie commerciale et multiplia outre mesure le papier de crédit. Le public perdit confiance et voulut échanger ses billets contre des espèces. Law ne put satisfaire ses créanciers et fit une faillite considérable.

Lundi 2 Mai.

Saint Athanase, évêque et confesseur.

—

1200 — FONDATION DE L'UNIVERSITÉ DE PARIS.

Depuis l'introduction du christianisme, l'instruction à tous les degrés fut donnée par le clergé. Au IVe siècle, de nombreux écoliers sortaient de l'abbaye de Saint-Martin. Au Ve siècle, saint Honorat enseignait la littérature au monastère de Lérins, et saint Colomban fondait à Luxeuil des cours de sciences profanes. Au VIe siècle, saint Germain, évêque de Paris, s'occupait des étudiants avec un soin particulier. Tours, Corbeil, Saint-Denis, Ferrière étaient avant l'an 1000 célèbres par leur enseignement.

Vers 1200 les religieux établirent leurs écoles en dehors de leurs cloîtres, et commencèrent à conférer des grades aux étudiants. Les rois et les papes approuvèrent et encouragèrent ces nouveaux établissements; ce fut l'origine des universités.

Mardi 3 Mai.

L'Invention de la sainte Croix.

—

1794. — REMISE DU DON DE JOYEUX AVÈNEMENT.

Le roi, à son avènement, créait de nouvelles maîtrises, se réservait de nommer, à la première prébende vacante et faisait délivrer des prisonniers.

Chaque corps de métiers donnait une certaine somme en présent au nouveau roi. Louis XVI ne voulut recevoir aucun don de joyeux avènement.

1324. — PREMIER CONCOURS DES JEUX FLORAUX.

On a donné le nom de Jeux Floraux à un concours de poésies établi à Toulouse par sept citoyens de la ville et dans lequel on couronnait la meilleure pièce de vers, en l'honneur de la sainte Vierge et des saints.

La récompense du vainqueur était une violette d'or. Une dame Toulousaine, Clémence Isaure, laissa par son testament, une rente perpétuelle, destinée à l'achat de ce prix. Louis XIV érigea les Jeux floraux en académie et la plaça sous la protection du chancelier de France.

Mercredi 4 Mai.

Sainte Monique, veuve.

—

1200. — ORDONNANCE CONCERNANT LES ÉTUDIANTS.

Par cette ordonnance, Philippe-Auguste accorde aux écoliers de Paris la faveur de ne pouvoir être traduits que devant les tribunaux ecclésiastiques. Il prescrit qu'en cas de flagrant délit, si un étudiant est arrêté à une heure telle qu'on ne puisse avoir recours à la justice, il sera gardé à vue dans la maison d'un de ses amis jusqu'à ce qu'il soit livré aux juges de l'Eglise.

1437. — EXEMPTION D'IMPOTS EN FAVEUR DE L'UNIVERSITÉ DE MONTPELLIER.

Ce privilège était accordé aux universités après un certain temps d'existence, lorsqu'elles s'étaient distinguées.

Les universités de Paris et d'Angers obtinrent de bonne heure cette faveur.

Jeudi 5 mai.

Saint Pie V, pape.

—

1369. — FIXATION DU SALAIRE DES OUVRIERS DE CHALONS-SUR-MARNE.

A la fin du XIVe siècle et pendant toute la durée du XVe le salaire moyen des ouvriers du nord et de l'est de la France était de 4 sols ou 48 deniers (7 fr. 20)

Les prix des vivres pendant cette période de temps étaient les suivants : la livre de pain valait un denier 0 fr 15 1 lapin coutait un sou (1 fr. 80) le huitième d'un bœuf 32 sous (57 fr. 60) 1 mouton entier pris à l'étal du boucher, 20 sous (36 fr.) 1 poulet 1 sou 6 deniers (2 fr. 70) 1 litre de vin 4 deniers (0 fr. 60) 96 litres de bière 4 sols (7 fr. 20) 1 hectolitre de blé 10 sous (18 fr) une oie 2 sous (3 fr. 60) et la livre de beurre 6 deniers (0 fr. 90) (pour la vérification de ces chiffres consulter : la vie municipale au XVe siècle par de Calonne.

Avec l'augmentation que la plupart de ces objets ont subie, il faudrait à l'ouvrier moderne 10 et 11 francs par jour pour vivre comme l'artisan du moyen-âge.

Peut-être est-ce au bien-être que l'ouvrier pouvait alors procurer à sa famille par son travail qu'il faut attribuer l'absence des femmes dans les manufactures et le défaut de crèches et de salles d'asile destinées à remplacer la mère occupée au dehors à gagner le pain quotidien.

Vendredi 6 Mai.

Saint Jean devant la Porte Latine.

—

1628. — NAISSANCE DE COYPEL.

Noël Coypel naquit à Paris en 1628. Après avoir étudié le dessin à Orléans, il vint à Paris et peignit, à l'âge de dix-huit ans, plusieurs tableaux pour les appartements du roi et du cardinal Mazarin. Il fit plusieurs plafonds remarquables aux Tuileries et à Fontainebleau, fut nommé professeur en 1664 et reçu à l'académie de Peinture en 1665. Il mourut en 1707.

Samedi 7 Mai.

Saint Stanislas, év. et mart.

1104. — FONDATION DE L'ORDRE DE SAINT-JEAN DE JÉRUSALEM.

L'Ordre de Saint-Jean de Jérusalem fut fondé sous le règne de Baudoin Ier.

Ces religieux, outre les vœux ordinaires, s'engageaient à recevoir les pèlerins et à les secourir. Ils devinrent bientôt de véritables hommes de guerre.

Chassés de Jérusalem, ils vinrent se réfugier à Chypre après s'être vaillamment défendus contre les infidèles.

En 1310, ils prirent Rhodes où ils s'installèrent. Cette île étant tombée au pouvoir de Soliman II, en 1521, ces chevaliers se retirèrent en Sicile, de là vinrent à Rome, et, après avoir passé six ans à Viterbe, s'établirent définitivement à Malte.

Cet Ordre comprenait des chevaliers, des chapelains et des servants d'armes.

Le grand Maître de l'Ordre était souverain de l'île de Malte, qu'il gouvernait avec son Conseil. Il avait droit de battre monnaie et de faire grâce aux criminels. Les chevaliers de Malte conservèrent cette île jusqu'en 1798.

Dimanche 8 Mai.

IIIe Dimanche après Pâques

1701. — DÉFENSE DE TRAVAILLER LES DIMANCHES ET FÊTES SANS PERMISSION.

Cette prohibition remonte aux premiers temps de la France chrétienne. A la campagne il était défendu d'atteler des bœufs le dimanche pour labourer ou faire quelque autre travail. Dans les villes toutes les boutiques devaient être fermées ; seuls les cabaretiers, et hôteliers pouvaient ouvrir après l'heure des offices.

1617. — OUVERTURE DE L'HOPITAL GÉNÉRAL.

Cet hôpital fut ouvert pour les mendiants hors d'état de travailler, pour les infirmes et les vieillards.

Les hôpitaux étaient déjà nombreux à Paris. Il y avait des hospices de malades, d'orphelins, de vieillards, de pestiférés, d'aveugles, d'incurables. Il y avait aussi des refuges de nuit et des maisons pour recevoir les ouvriers sans travail.

En province, les maisons de secours étaient également très nombreuses. Toutes les grandes villes possédaient des hôpitaux où les malheureux trouvaient un abri.

Lundi 9 Mai.

Saint Grégoire de Naziance, évêque.

—

1653. — ÉTABLISSEMENT DE LA PETITE POSTE A PARIS.

Les postes furent d'abord établies par l'université de Paris pour le transport des lettres des étudiants. Louis XI perfectionna cette institution et en fit un service public. Louis XIV fit poser des boîtes dans les différents quartiers de la capitale et nomma un certain nombre de facteurs chargés de distribuer journellement les lettres que les habitants s'adressaient entre eux.

Mardi 10 Mai.

Saint Antonin, évêque et confesseur.

—

1696. — MORT DE LA BRUYÈRE.

La Bruyère naquit aux environs de Dourdan. Il fut nommé par Bossuet professeur d'histoire du Dauphin. Il fit partie de l'académie française dès 1693 et mourut en 1696. Louis XIV lui servait une pension de 1,000 écus. La Bruyère s'est immortalisé par son livre des caractères.

Mercredi 11 Mai.

Saint Mamert, évêque et confesseur.

—

1686. — ÉTABLISSEMENT D'UNE COMPAGNIE D'ASSURANCE MARITIME A PARIS.

Le contrat d'assurance n'était pas inconnu avant cette époque. Depuis Charlemagne il existait des sociétés de secours mutuels dont le but était de réparer les dommages causés par l'incendie et les sinistres maritimes.

Jeudi 12 Mai.

Saint Achille, martyr.

—

1725. — APPROBATION DE L'INSTITUT DES FRÈRES DES ÉCOLES CHRÉTIENNES.

Cet institut fut fondé en 1681 par Jean-Baptiste de la Salle, docteur en théologie de la maison de Sorbonne.

La mission des frères des écoles chrétiennes était d'instruire gratuitement les enfants du peuple. A la fin du XVIIIe siècle, cet Institut avait 10,000 professeurs et possédait 121 établissements en France.

Ces frères furent supprimés à la révolution et plusieurs furent récompensés de leur dévouement par le martyre.

Vendredi 13 Mai.

Saint Flavien, confesseur.

—

1579. — LE ROI DÉCLARE QU'IL AURA UNE AUDIENCE PUBLIQUE POUR ÉCOUTER LES PLAINTES DE SES SUJETS.

Charlemagne, Philippe-Auguste, saint Louis, donnaient des audiences à tous leurs sujets qui en faisaient la demande. Charles VIII, au dire de Commines, admettait à lui parler ceux qui avaient à se plaindre des fonctionnaires royaux. Louis XIV recevait lui-même les inventeurs qui avaient des projets à lui présenter.

L'usage de donner des au diences publiques dura jusqu'à la fin de la monarchie.

Samedi 14 Mai.

Saint Pacôme, abbé.

—

1498. — FIXATION DU PRIX DES VIVRES DANS LES HOTELLERIES.

Pendant des siècles, les voyageurs et les étrangers reçurent l'hospitalité dans les monastères. Chaque maison religieuse avait un endroit pour loger ceux qui venaient lui demander un gîte et une partie des revenus des communautés était affectée à cette œuvre. Sous les rois de la seconde race, des hôtelleries s'établirent le long des routes. Comme ces maisons étaient rares et qu'elles n'avaient souvent à redouter aucune concurrence, les maîtres en profitaient pour exploiter leurs clients. Louis XII pour remédier à cet abus, fixa le prix des vivres dans les hôtelleries, et voulut qu'un tarif fût affiché dans l'endroit le plus apparent de chaque auberge.

Dimanche 15 Mai.

VIe Dimanche après Pâq.
Ste Denise, vierge, mart.

—

1418. — CRÉATION DES FRANCS-ARCHERS.

Les archers étaient des soldats qui suivaient le roi à la guerre. Chaque paroisse devait fournir un archer par cinquante feux.

Ces archers recevaient 4 livres par mois en temps de guerre. Pendant la paix ils ne touchaient pas de solde mais ils étaient exempts de toute imposition. Ils portaient l'habit de guerre les jours de fête et s'exerçaient à tirer de l'arc.

Les Francs-archers furent supprimés par Louis XI.

1719. — RESTAURATION DES QUAIS DE PARIS.

D'après une chronique manuscrite de Saint-Denis, Hugues Aubriot prévôt de Paris sous Charles V, fit construire des quais dans toute la longueur de la Seine qui traversait Paris.

Si cette assertion est exacte, ce qu'on a tout lieu de croire, les premiers quais dateraient de 1380. Les quais furent plusieurs fois restaurés ou reconstruits.

Au XVIIe siècle ils étaient en beaucoup d'endroits d'une magnificence extraordinaire.

Samedi 16 Mai.

Saint Honoré, confesseur

—

1408. — RÉPARATION FAITE PUBLIQUEMENT PAR LE GRAND PRÉVOT DE PARIS A L'UNIVERSITÉ.

Les étudiants étaient encore au XIVe siècle justiciables des tribunaux ecclésiastiques. Il arriva un jour que ce privilège fut méconnu et que deux écoliers furent pendus à Monfaucon par sentence du grand prévôt pour avoir tué un homme. L'Université appela de son jugement et les étudiants menacèrent de passer à l'étranger, s'ils n'obtenaient une prompte justice. Il fut ordonné que le prévôt, ferait dépendre les deux étudiants, les embrasserait publiquement sur la bouche, et rendrait leurs corps à l'évêque de Paris qui les ferait exhumer solennellement.

Mardi 17 Mai.

Saint Pascal Baylon.

—

1597. — ORDONNANCE SUR L'ENTRETIEN DES CHEMINS PUBLICS.

Pendant des siècles, les principales voies furent en partie construites par les moines, Dans certaines provinces de l'est et du midi de la France des religieux connus sous le nom d'hospitaliers pontifes, n'avaient d'autre occupation que d'établir des ponts sur les rivières et de tracer de nouvelles routes. Charlemagne, Philippe-Auguste et saint Louis firent de louables efforts pour faciliter les moyens de communication. Henri IV nomma Sully grand voyer de France, fit planter des arbres le long des voies publiques et plaça, partout où ils étaient nécessaires, des potaux indicateurs. Sous Louis XIV, les routes atteignirent un haut degré de perfection, Enfin en 1760, on créa le service des ponts et chaussées, à la tête duquel on plaça des ingénieurs distingués qui eurent pour mission d'apporter toutes les améliorations possibles aux routes.

Mercredi 18 Mai.

Saint Yves de Chartres, évêque, confesseur.

—

1577. — MORT DE PHILIBERT DELORME.

Philibert Delorme fut un des plus grands architectes de la Renaissance. C'est sur ses dessins que furent élevées les Tuileries et différents autres monuments remarquables.

Il mourut en 1577.

Jeudi 19 Mai

Sainte Pudentienne, v.

—

1258. — LE ROI DONNE DES STATUTS AUX MARCHANDS DE POISSONS D'EAU DOUCE.

Le poisson, très abondant en France à cause du grand nombre de cours d'eau qui sillonnent le pays, fut l'objet d'un commerce considérable au moyen âge et entra pour une notable partie dans l'alimentation générale Les rois et les municipalités prirent de bonne heure des dispositions pour assurer au peuple cette nourriture à bon marché. Pour ne pas que la rareté du poisson en fit hausser le prix, on défendit aux détaillants et aux particuliers d'aller au devant des poissonniers pour faire leurs achats et on ordonna à ceux-ci de porter tous les jours leur marchandise aux halles.

Vendredi 20 Mai.

Saint Bernardin de Sienne, confesseur.

—

1661. — FONDATION DE LA COMMUNAUTÉ DES MIRAMIONES.

Madame de Miramion, femme de Jean-Jacques de Beauharnais, seigneur de Miramion conseiller au parlement, établit en 1621 une communauté de religieuses qu'elle unit à celle de Sainte-Geneviève. Le but de ces deux communautés était d'instruire gratuitement des jeunes filles pauvres, de former des maîtresses d'école pour la campagne, d'assister les malades et de visiter les malheureux.

Madame de Miramion établit encore à ses frais cent dix écoles dans différentes villes de provinces.

Samedi 21 Mai.

Saint Ubald.

1599. — CRÉATION DE L'OFFICE DE GRAND VOYER.

Le grand Voyer était l'intendant général des voies publiques. Il était chargé de surveiller l'entretien des chemins.

Sully fut le premier grand Voyer de France.

Dimanche 22 Mai.

Ve Dimanche après Pâques.
Ste Julie, vierge et martyre.

—

1336. — ORDONNANCE CONCERNANT LES APOTHICAIRES.

Cette ordonnance assujettit les apothicaires aux visites des médecins des facultés.

Les apothicaires n'étaient pas, même à cette époque, les premiers venus. On exigeait d'eux des connaissances assez étendues et un long stage. D'après leurs statuts, ils devaient posséder la science des plantes médicinales, des drogues, de la chimie et de la botanique. Ils devaient faire quatre années d'apprentissage et être élèves pendant six ans chez un apothicaire. A la fin du XVIIIe siècle il y avait à Paris quatre-vingt-sept apothicaires.

Lundi 23 Mai.

Rogations.

—

1641. — CRÉATION DE COMMISSAIRES DE POLICE A PARIS.

Ces commissaires existaient depuis 1586, dans toutes les villes de parlement. Ils étaient chargés de poursuivre les contraventions aux ordonnances royales, d'inspecter les boulangeries, les hôtelleries, les cabarets etc., de vérifier les poids et mesures de s'occuper de la propreté des rues et de poursuivre les vagabonds.

Mardi 24 Mai.

SS. Donatien et Rogatien, frères, martyrs.

—

1564. — FONDATION DE L'UNIVERSITÉ DE BESANÇON.

Cette fondation est l'œuvre de Ferdinand Ier, empereur d'Allemagne.

Cette université devint française en 1668 à l'annexion de la Franche-Comté à la France, sous Louis XIV

Mercredi 25 Mai.

Saint Grégoire VII, pape et confesseur.

—

1510. — MORT DU CARDINAL D'AMBOISE.

Georges d'Amboise devint cardinal, archevêque de Rouen et ministre de Louis XII, après avoir été évêque de Montauban et archevêque de Narbonne. Il introduisit un grand nombre d'œuvres charitables dans la ville de Rouen, et protégea les gens de lettres. Il ne posséda amais qu'un bénéfice dont il employait les deux tiers à nourrir les pauvres. Il mourut en 1610.

Jeudi 26 Mai.

Ascension. Saint Philippe de Néri.

—

1349. — FONDATION DE L'UNIVERSITÉ DE PERPIGNAN.

Cette université doit sa fondation à Pierre IV, roi d'Aragon. Elle fut organisée sur le modèle de celle de Toulouse. Elle occupa un rang distingué dans les universités françaises.

1350. — FONDATION DE JEAN ROUSSEL EN FAVEUR DES PAUVRES DE PARIS.

Jean Roussel fit bâtir, rue des Francs-Bourgeois, une maison composée de vingt-quatre chambres destinées à loger gratuitement des vieillards qui ne pouvaient payer un loyer.

Quelque temps après cette fondation, on exempta les pensionnaires de cet établissement de toute taxe ou imposition.

Vendredi 27 Mai.

Sainte Marie-Magdeleine de Pazzi, vierge.

—

1702. — MORT DU PÈRE BOUHOURS.

Le père Bouhours fut un des plus célèbres Jésuites du XVIIe siècle. Il enseigna les humanités à Paris et fut successivement précepteur des princes de Longueville et du fils de Colbert. Ses principaux ouvrages sont : les entretiens d'Ariste et d'Eugène, les Remarques et doutes sur la langue française, la manière de bien penser dans les ouvrages de l'esprit et les pensées ingénieuses des anciens et des modernes.

Samedi 28 Mai.

Saint Germain, évêque de Paris, confesseur.

—

1664. — ÉTABLISSEMENT DE LA COMPAGNIE DES INDES OCCIDENTALES.

Cette Compagnie avait le privilège exclusif du commerce des Indes. Louis XIV fournit le dixième de ses fonds et donna aux armateurs qui faisaient construire des vaisseaux dans nos ports, cinq livres de récompense par tonneau. On créa quelques années après la Compagnie des Indes Orientales.

Dimanche 29 Mai.

St Maximin, év. et conf.

—

1719. — MORT DU PÈRE JOUVENCI.

Le père Jouvenci naquit à Paris en 1643. Il enseigna la rhétorique à Caen, à la Flèche et à Paris. Il alla à Rome en 1699 et écrivit un grand nombre d'ouvrages pendant son séjour dans cette ville. On a de lui deux volumes de harangues latines, des notes sur Perse, Juvénal, Térence et Horace, et une histoire des Jésuites

Samedi 30 Mai.

St Félix, pape et martyr.

—

1588. — NAISSANCE DU CHANCELIER SÉGUIER.

Pierre Séguier naquit à Paris en 1588. Il fut successivement Conseiller, Maître des requêtes puis Garde des Sceaux. Après la mort de Richelieu, il fut nommé Protecteur de l'Académie Française et mourut en 1672.

Mardi 31 Mai.

Ste Angèle de Merici, vierge.

—

1617. — APPROBATION DE LA CONGRÉGATION DU CALVAIRE.

Les Filles du Calvaire doivent leur fondation à Antoinette d'Orléans, fille de Léonor d'Orléans, duc de Longueville, cette princesse donna à ces religieuses la règle de saint Benoit.

Les Filles du Calvaire vinrent s'établir à Paris en 1621, dans une maison située près du Luxembourg que l'on voit encore aujourd'hui.

1410. — ÉTABLISSEMENT DES CORRECTEURS DE COMPTES.

On a donné le nom de Correcteurs de comptes à des magistrats chargés de vérifier les opérations de la Chambre des comptes. Cette fonction fut établie par Charles VI et ne fut supprimée qu'à la révolution.

Mercredi 1er Juin.

Saint Fortuné, solitaire.

—

1489. — FONDATION D'UN COUVENT DE MINIMES A PLESSIS-LES-TOURS.

L'Ordre des Minimes fut fondé par saint François de Paule au XVe siècle, approuvé par Sixte IV en 1473 et introduit en France sous Charles VIII.

Les Minimes prêchaient et faisaient des missions.

Jeudi 2 Juin.

S. Pothin et ses comp. m.

—

1342. — INSTITUTION DE LA GABELLE.

On entendait par gabelle l'impôt sur le sel. Cet impôt fut mis pour la première fois d'une manière générale par Philippe de Valois et fut maintenu par ses successeurs. L'exemption de la gabelle fut un véritable privilège, aussi trouve-t-on de bonne heure les étudiants déchargés de cette taxe.

Vendredi 3 Juin.

Sainte Clotilde, reine.

—

1783. — PREMIER ESSAI D'UN AÉROSTAT PAR LES FRÈRES MONGOLFIER.

Le premier aérostat qui s'enleva n'avait pas de nacelle. Ce ne fut que quelques années après cette première expérience que de hardis aéronautes tentèrent de s'enlever dans les airs.

Les armées de Napoléon se servirent quelquefois de ballons pour observer les dispositions de l'ennemi.

Samedi 4 Juin.

Saint François Caracciolo.
Vigile.

—

1330. — OUVERTURE DU COLLÈGE DE BOURGOGNE

Ce collège a été fondé par Jeanne de Bourgogne, reine de France, comtesse d'Artois et de Bourgogne, veuve de Philippe-le-Long. Cette princesse non contente d'avoir payé de ses deniers les frais d'installation de cette maison, vendit encore son hôtel pour assurer à cet établissement une rente nécessaire à l'entretien de vingt écoliers pauvres de Bourgogne.

Dimanche 5 Juin.

Pentecôte.

—

1473. — FONDATION DE L'UNIVERSITÉ DE BORDEAUX.

Cette université fut fondée par Louis XI. Le pape Eugène IV lui accorda plusieurs privilèges apostoliques. Elle fut presque aussi fréquentée que celle de Toulouse.

Auprès de cette université se trouvait le collège de Guyenne, dont l'origine remontait à l'époque de la domination romaine, et qui, ruiné au VIe siècle, avait été relevé par saint Louis.

Lundi 6 Juin.

Saint Norbert, év. et conf.

—

1606. — NAISSANCE DE CORNEILLE.

Corneille naquit à Rouen. Il occupa pendant quelques temps la charge d'avocat général à la table de marbre, et se démit de ses fonctions pour s'adonner tout entier à la poésie. Il fit paraître le Cid, les Horaces, Cinna, Polyeucte, etc.

Il fut reçu à l'Académie Française en 1647 et mourut en 1684.

Mardi 7 Juin.

Saint Claude, confesseur.

—

1616. — PRIVILÈGES ACCORDÉS AUX ÉCOLIERS D'ALLEMAGNE QUI VIENNENT ÉTUDIER A PARIS.

Le roi Louis XIII permet aux étudiants allemands qui viennent étudier à Paris de porter des armes sur eux pendant leur voyage, malgré la sévère défense qu'un grand nombre d'ordonnances faisaient à ce sujet, il leur promet sa protection en cas de guerre civile et leur permet de pratiquer librement leur religion.

Les étudiants étrangers venaient depuis longtemps étudier à l'université de Paris. A partir du XIVe siècle on trouve sur ses bancs quantité d'écoliers allemands, anglais, italiens, espagnols, persans, arméniens, syriens, etc.

Mercredi 8 Juin.

Saint Médard, Q. T.

—

1255. — LES PRÉMONTRÉS ÉTABLISSENT UN COLLÈGE ET UNE COMMUNAUTÉ A PARIS.

En 1120 saint Norbert se retira avec quelques disciples dans le vallon solitaire de Prémontré situé dans le diocèse de Laon, et y fonda un ordre de chanoines réguliers qui prit le nom de Prémontré. Au XIIIe siècle, les religieux de cet Ordre qui avaient déjà un assez grand nombre de maisons en France, vinrent s'établir à Paris, et, fondèrent en même temps un collège où les sujets les plus remarquables des couvents qui n'étaient pas situés dans les villes d'université venaient étudier.

Les Prémontrés s'adonnaient à la prédication et à l'enseignement.

Jeudi 9 Juin.

S. Prime et S. Félicien, m.

—

1396. — LES ÉCOLIERS, PROFESSEURS ET SERVITEURS DE L'UNIVERSITÉ SONT EXEMPTÉS DE LA TAILLE IMPOSÉE POUR LE MARIAGE DE LA FILLE DU ROI.

1600. — HENRI IV DONNE DES STATUTS AUX FAÏENCIERS.

Les faïenciers portèrent leur art à un haut degré de perfection. Indépendamment de la forme artistique qu'ils surent donner à leurs produits, ils trouvèrent encore moyen de les enrichir de splendides décors dans lesquels s'étalait une richesse de dessin et de coloris des plus remarquables. Les principales fabriques furent : Nevers, Paris, Rouen, Strasbourg, Moustiers, Marseille.

Vendredi 10 Juin.

S. Landri, évêque de Paris. Q. T.

—

1771. — FONDATION DE L'ÉCOLE DE SAUMUR.

Le but de cette institution était de former des officiers de cavalerie. Au sortir de cette école, les jeunes gens qui avaient satisfait aux examens sur les exercices d'équitation et les manœuvres militaires passaient officiers dans l'armée royale.

Samedi 11 Juin

Saint Barnabé. Q. T.

—

1519. — LES MARCHANDISES APPORTÉES A LA FOIRE DE SAINT-DENIS SONT EXEMPTÉES DE TOUT DROIT.

Les foires ont une origine fort ancienne. Les premières furent établies sous Charlemagne et devinrent le rendez-vous des marchands des principaux points du royaume.

Les foires avaient une juridiction spéciale nommée par les marchands et chargée de connaître toutes les contestations commerciales.

Les plus célèbres foires étaient celles de Falaise, de Caen, de Beaucaire, de Lorient, de Nantes, de Bordeaux, de Lyon, de Marseille et de Saint-Denis. Cette dernière avait été fondée par les moines et l'université de Paris.

Dimanche 12 Juin.

Trinité. Ste Antonine, m.

—

1483. — CHARLES VIII DONNE DES STATUTS AUX HORLOGERS.

Jusqu'au XIIe siècle, on se servait dans les palais des princes de sabliers et de clepsydres pour marquer l'heure. Le peuple n'avait d'autre ressource que l'observation des astres et la marche du soleil pour connaître les différents moments de la journée.

Dans chaque monastère il y avait des veilleurs chargés d'avertir les moines de l'heure des offices, du repas, de la récréation, etc.

Les Allemands furent les premiers qui fabriquèrent des horloges, et qui employèrent le balancier.

En 1370, Charles V fit venir à Paris Henri de Vic et lui fit construire une grande horloge qu'on plaça dans une des tours du palais de Justice. L'horlogerie se perfectionna vite, et l'on vit paraître de bonne heure des pièces qui étaient de véritables prodiges.

Après la mort de Louis XIV, le duc d'Orléans essaya d'établir une manufacture d'horlogerie modèle à Versailles.

Lundi 13 Juin.

St Antoine de Padoue, c.

—

1619. — NAISSANCE D'ADRIEN BAILLET.

Baillet, l'un des plus célèbres critiques de son siècle, naquit en 1649 au village de Neuville, de parents pauvres. Il fut admis comme boursier au collège de Beauvais dont il devint plus tard le régent. Il entra en 1680 en qualité de bibliothécaire chez le président Lamoignon et mourut en 1706.

Ses principaux ouvrages sont : les Jugements des Savants et la Vie de Descartes.

Mardi 14 Juin.

Saint Basile, évêq. et conf.

—

1407. — MORT DE CLISSON.

Olivier de Clisson naquit en Bretagne, d'une famille noble et ancienne. Dès sa jeunesse il s'attacha à du Guesclin et se signala de bonne heure par son courage et son intrépidité. Charles VI le fit connétable de France en 1380. Après la mort de du Guesclin, il commanda l'avant-garde à la bataille de Rosebeck en 1382 contre les Flamands.

Envoyé en Bretagne, le Duc le retint prisonnier et ne le rendit qu'en recevant une forte rançon. Il mourut en 1407.

Mercredi 15 Juin.

Sainte Germaine, vierge.

—

1200. — FONDATION DE L'HOPITAL D'AUBRAC.

Cet hôpital fut fondé par Alard, comte de Flandre, sur une montagne située aux confins de la Guyenne, du Languedoc et de l'Auvergne.

Alard, pris en cet endroit par des voleurs en revenant d'un pèlerinage, fit vœu de bâtir un hôpital pour les pèlerins et de chasser les brigands s'il s'échappait de leurs mains. Il recouvra la liberté et tint sa promesse. Aidé des libéralités de plusieurs grands personnages, il construisit une maison splendide sur cette montagne et la pourvut de tout ce qui était nécessaire pour recevoir dignement ceux qui viendraient lui demander asile.

Il y avait dans cet hôpital des chevaliers pour escorter les voyageurs, des prêtres pour faire les offices, des frères, des servantes et des dames pour le service des pèlerins.

Plusieurs monastères offraient depuis longtemps une hospitalité analogue aux voyageurs. Dans l'Est et dans le Midi de la France des moines pourvoyaient à la sûreté de ceux-ci en faisant la police des routes et en escortant les marchands dans les endroits dangereux.

Jeudi 16 Juin.

Fête-Dieu.

—

1656. — NAISSANCE DE TOURNEFORT.

Tournefort montra dès son enfance de grandes dispositions pour la botanique. Quand il eut terminé ses études, il se mit à parcourir les montagnes pour y chercher des plantes curieuses dont il écrivait l'histoire.

En 1683, Tournefort fut appelé à Paris par le premier médecin de la reine et fut nommé professeur au jardin des plantes. Après plusieurs voyages en Europe accomplis dans un but scientifique, il fut reçu membre de l'académie des sciences. Louis XIV l'envoya en Afrique et en Asie pour étudier la flore de ces contrées et il revint de cette mission avec un grand nombre de plantes rares et de curiosités. Il mourut en 1708. Son principal ouvrage est : les Éléments de la Botanique.

Vendredi 17 Juin.

Sainte Juliette.

—

1183. — INAUGURATION D'UNE NOUVELLE HALLE A PARIS.

La Halle de Paris existait depuis le dixième siècle. C'était un endroit couvert où les marchands des différents corps de métiers venaient débiter leurs marchandises. Cette première halle étant devenue insuffisante, Philippe-Auguste en fit bâtir une autre en 1183. La Halle prit dans la suite une telle extension qu'on fut obligé d'en construire plusieurs dans de différents quartiers de Paris.

Au XIVe siècle chaque corps de marchands avait une halle spéciale.

1187. — CRÉATION DE L'OFFICE DE MARÉCHAL D'ARME.

Le maréchal d'arme était un officier chargé d'enregistrer les armoiries des nobles et d'en vérifier l'authenticité.

Samedi 18 Juin.

S. Gervais, S. Protais, m.

—

1168. — LE CHAPITRE DE PARIS DÉCIDE QUE LE LIT DE CHAQUE CHANOINE QUI DÉCÉDERA APPARTIENDRA A L'HOTEL-DIEU.

L'Hôtel-Dieu de Paris est le plus ancien hôpital de France. Il fut fondé, dit-on, par saint Landry, évêque de de Paris, vers l'an 608. Il ne faudrait pas croire qu'il n'y eût pas avant cette époque de lieu spécial pour recevoir les malades pauvres. Dès les premiers temps, l'évêque donnait asile dans sa maison aux malades, aux orphelins et aux veuves sans ressources. Quand les Églises eurent un revenu assuré, elles furent obligées d'en consacrer un quart à l'entretien des hôpitaux.

Dimanche 19 Juin.

Sainte Julienne, vierge.

—

1491. — MORT DU CARDINAL BALUE.

Balue était fils d'un cordonnier de Verdun. Il s'attacha d'abord à Jean-Juvénal des Ursins, évêque de Poitiers, puis à Jean de Beauvais, évêque d'Angers. Il devint intendant des finances en 1465, et Paul II le nomma cardinal en 1467.

Il tomba en disgrâce auprès de Louis XI et fut enfermé à la Bastille.

Il mourut en 1491.

Lundi 20 Juin.

Saint Sylvère, p. et m.

—

1315. — LE CORDELIER FRANÇOIS MAIRONIS SOUTIENT LE PREMIER L'ACTE SORBONIQUE.

On appelait acte sorbonique l'épreuve qu'il fallait subir pour être reçu licencié, de la maison de Sorbonne.

Pour sortir victorieux de la soutenance de cet acte, le candidat devait répondre depuis six heures du matin jusqu'à six heures du soir à toutes les objections et à toutes les difficultés qu'on lui proposait.

Mardi 21 Juin.

S. Louis de Gonzague, cl.

—

1633. — POSE DE LA PREMIÈRE PIERRE DU COUVENT DES FEUILLANTS AU FAUBOURG SAINT-MICHEL.

L'Ordre des Feuillants fut établi sous Henri III, par Jean de la Barrière. Ces religieux s'occupaient de différentes œuvres charitables et eurent jusqu'à 24 maisons en France.

Mercredi 22 Juin.

Saint Paulin.

—

1674. — ÉTABLISSEMENT D'UNE ACADÉMIE A SOISSONS.

En 85 années il s'établit en France 26 académies provinciales. Voici la liste de ces académies avec la date de leur fondation.

Nîmes 1682. — Angers 1685. — Soissons 1674. — Toulouse 1694. — Villefranche 1695. — Lyon 1700. — Bordeaux 1703. — Caen 1705, — Montpellier 1706. — Pau 1720. — Béziers 1723. — Marseille 1726. — La Rochelle 1732. — Arras 1738. — Dijon 1740. — Rouen 1744. — Montauban 1744. — Clermont-Ferrand 1747. — Auxerre 1747. — Amiens 1750. — Nancy 1750. — Besançon 1752. — Brest 1752. — Châlons-sur-Marne 1753. — Metz 1760.

Jeudi 23 Juin.

S. Alban, Vigile de Saint Jean-Baptiste.

—

1334. — FONDATION DU COLLÈGE DES LOMBARDS.

Ce collège fut établi pour recevoir les écoliers italiens qui venaient étudier à l'Université de Paris et qui n'avaient pas plus de vingt livres de revenu.

Cet établissement avait en outre onze bourses pour les étudiants sans ressources.

Vendredi 24 Juin.

Nativité de St Jean-Bapt.

—

1160. — NAISSANCE DE SAINT JEAN DE MATHA, FONDATEUR DE L'ORDRE DES TRINITAIRES.

Jean de Matha, l'un des plus célèbres docteurs en théologie de son temps, fonda en 1198 avec Félix de Valois un Ordre religieux dont le but était de racheter les chrétiens esclaves chez les barbares. Ces religieux bâtirent leur premier couvent à Cerfroy près de la Ferté-Milon, et vinrent en 1209 s'établir à Paris où ils prirent le nom de Mathurins. Cet Ordre se propagea rapidement et eut tant en France qu'à l'étranger 150 couvents.

Il y eut aussi des religieuses Trinitaires connues sous le nom de Mathurines. Elles se consacraient à l'éducation des jeunes filles qu'elles instruisaient gratuitement.

Samedi 25 Juin.

Saint Prosper.

—

1609. — ÉDIT CONTRE LES DUELS.

Les duels à l'époque des guerres de religion étaient devenus fréquents et l'usage des combats singuliers avait continué même après la paix.

Henri IV ne voulut pas que la vie de ses sujets fût exposée à tout moment aux chances d'un combat et défendit formellement les duels.

Louis XIII renouvela cette prohibition et Louis XIV confirma l'ordonnance de ses prédécesseurs.

Dimanche 26 Juin.

S. Jean et S. Paul, fr., m.

—

1337. — PHILIPPE VI ACCORDE DES PRILILÈGES A L'UNIVERSITÉ D'ANGERS.

Cette université ne datait que du commencement du XIVe siècle, mais les lettres, les sciences, le droit florissaient à Angers longtemps avant sa fondation.

Dès l'an 1000, on voit un évêque de cette ville faire venir des savants dans la capitale de l'Anjou pour enseigner la philosophie et la rhétorique. En 1140, des professeurs de l'université d'Oxford, fuyant la tyrannie d'Étienne, sont accueillis par un prélat d'Angers qui fonde pour eux des chaires de droit et de jurisprudence.

Cette université fut une des plus illustres du royaume. A la fin du XVe siècle, elle comptait plus de 4000 étudiants.

Lundi 27 Juin.

Sainte Adèle.

—

1331. — FONDATION DE L'UNIVERSITÉ DE CAHORS.

Cette université doit sa fondation au cardinal d'Ossa, qui devint pape sous le nom de Jean XXII.

D'Ossa, fils d'un petit cordonnier de Cahors, avait été élevé gratuitement dans un collège de cette ville et avait étudié le droit dans les plus célèbres écoles de la France et de l'Italie. Parvenu à la fortune et aux premières dignités, il voulut attacher son nom à quelque fondation utile et il établit une université à Cahors où les lettres et la philosophie étaient déjà très en honneur. Il conféra aux étudiants de nombreux privilèges apostoliques.

Mardi 28 Juin.

Saint Irénée et ses compagnons martyrs. Vigile.

—

1667. — ÉTABLISSEMENT DE L'ACADÉMIE ROYALE DE MUSIQUE.

En 1667, l'abbé Perrin qui avait déjà écrit plusieurs opéras, obtint le privilège d'établir des académies de musique à Paris et dans la province.

Au mois de Mars 1671, il fit représenter Pomone dont le poème était de sa composition et la musique de Lambert organiste de Saint Honoré.

En 1672, Lulli et Quinault donnèrent « les fêtes de Bacchus et de l'Amour » qui obtinrent un brillant succès.

En 1716, le régent donna le premier bal de l'opéra

Au XVIIIe siècle, les représentations avaient lieu dans une splendide salle des Tuileries construite exprès par Soufflot.

Mercredi 29 Juin.

S. Pierre et S. Paul apôt.

—

1650. — MORT DE JEAN ROTROU.

Jean Rotrou naquit à Dreux en 1609. Il s'acquit une grande réputation par ses comédies et ses tragédies. Le cardinal de Richelieu lui donna une pension. Il fit plusieurs pièces, dont la plus estimée est l'Antigone. Il mourut à Dreux en 1650.

Jeudi 30 Juin.

La Commémoration de Saint Paul.

—

1244. — FONDATION DU COLLÈGE DES BERNARDINS A PARIS.

Ce collège est le premier qui fut établi à Paris. Il fut érigé avec la permission et les encouragements du pape Innocent IV par Mathieu Paris, religieux de l'Ordre des Citeaux, homme également versé dans la connaissance des lettres, de la philosophie, de l'architecture et des arts.

On envoyait dans cet établissement les sujets les plus distingués des différents couvents des Bernardins, et ces jeunes religieux ne quittaient cette maison qu'après avoir achevé leurs études et pris leurs grades.

En 1253 les Prémontrés ouvrirent un collège semblable à Paris. En 1269 l'abbé de Cluny en fonda un pour les moines de son Ordre. Les religieux de Marmoutiers, de la Mercy de Grammont, les Cordeliers, les Augustins, les Dominicains, eurent des maisons de ce genre à Paris et dans les villes d'université.

Vendredi 1er Juillet

Sainte Reine, veuve.

—

1667. — NAISSANCE DE NICOLAS BERTIN.

Nicolas Bertin naquit à Paris en 1667, et montra dès son enfance de grande dispositions pour les arts. Il fut placé dès l'âge de dix ans dans l'atelier de Jouvenet et remporta huit ans après le premier prix de peinture. Louvois l'envoya à Rome comme pensionnaire du roi. De retour en France, il fut agréé à l'académie de peinture Il peignit un grand nombre de tableaux mythologiques et religieux et mourut en 1736.

6

Samedi 2 Juillet.

Visitation de Notre-Dame.

—

1748. — CONFIRMATION DE L'ÉTABLISSEMENT DE L'ACADÉMIE ROYALE DE CHIRURGIE.

Cette académie fut établie en 1731 et confirmée par lettres patentes du 2 juillet 1748. Elle était divisée en quatre sections. La première était composée de quarante académiciens ayant le titre de conseillers du comité. La deuxième de vingt académiciens ayant le titre d'adjoints au comité : la troisième était formée de tous les maîtres en chirurgie de Paris. La quatrième était composée d'associés français et étrangers.

Cette académie distribuait tous les ans une médaille d'or de cinq cents livres, un prix de deux cents livres et cinq médailles de cent livres à ceux qui présentaient les mémoires les plus remarquables.

Dimanche 3 Juillet.

S. Bertrand, évêq. et conf.

—

987. — HUGUES-CAPET EST SACRÉ A REIMS PAR L'ARCHEVÊQUE ADALBÉRON.

Le sacre était le serment solennel que prêtait le roi de conserver les privilèges de l'Église, de faire observer les lois et de maintenir les droits du peuple Clovis fut le premier roi qui fut sacré. Le sacre avait lieu ordinairement à Reims en présence du clergé et des hauts dignitaires de l'État. La principale cérémonie du sacre était une onction que l'évêque faisait au roi sur le front. Le Saint-Chrême qui servait pour cette circonstance était contenu dans une ampoule de verre que la tradition faisait remonter à Clovis. Cette ampoule véritable merveille de l'art du verrier fut brisée publiquement à Reims par ordre de la convention en 1793

Lundi 4 Juillet.

Sainte Berthe.

—

1607. — POSE DE LA PREMIÈRE PIERRE DE L'HOPITAL SAINT-LOUIS.

Cet hôpital fut fondé par Henri IV pour les pestiférés. La construction et l'installation de cet établissement fut confié aux administrateurs de l'Hôtel-Dieu. Le roi leur assura pendant 15 ans dix sous sur chaque minot de sel qui se vendait dans les greniers de la généralité de Paris. et cinq sous à perpétuité.

En 1611, les bâtiments étaient achevés et purent recevoir les malades atteints de la peste.

Mardi 5 Juillet.

Sainte Philomène.

—

1614. — MORT DE BRANTOME.

Brantôme fut un des hommes les plus distingués du XVIe siècle par son esprit et ses talents. Il passa une grande partie de sa vie à voyager, devint baron de Richemont, gentilhomme de la chambre de Charles IX et chambellan du duc d'Alençon. Il a laissé plusieurs volumes de mémoires.

Mercredi 6 Juillet.

Le T. P. Sang de N.-S.

—

1303. — FONDATION DE L'UNIVERSITÉ D'AVIGNON.

Cette fondation est l'œuvre de Charles II comte de Provence. Le pape Boniface VIII approuva cette université et lui conféra des privilèges apostoliques.

En 1476 le pape Jules II, qui s'appelait Julien la Rovère, fonda à Avignon le collège de Rovère pour les jeunes gens qui se destinaient à suivre plus tard les cours de cette université.

Jeudi 7 Juillet.

Sainte Pulchérie.

—

1667. — MORT DU GÉOGRAPHE SANSON.

Nicolas Sanson naquit à Abbeville en 1600. Il vint à Paris en 1627 où il se distingua comme ingénieur et comme mathématicien. Il fut nommé géographe du roi et reçut en récompense une pension annuelle de 2000 livres. Il fit un grand nombre de cartes et d'ouvrages remarquables sur la géographie. Il mourut à Paris en 1667.

Vendredi 8 Juillet.

Sainte Élisabeth, reine de Portugal.

—

1621. — NAISSANCE DE LA FONTAINE.

La Fontaine naquit à Château-Thierry. Il était fils d'un maître des eaux et forêts. Il entra à l'âge de dix-neuf ans chez les pères de l'oratoire et en sortit dix-huit mois après. Il s'adonna à la poésie, et, ayant reçu de nombreux encouragements, il vint à Paris où il eut pour protecteurs le prince de Conti, le duc de Vendôme, le duc de Bourgogne, la duchesse de Bouillon, Madame de la Sablières, et pour amis, Molière, Racine, Boileau, etc. Il mourut à Paris le 13 Mars 1695 à 74 ans. La Fontaine s'est surtout immortalisé par ses Fables.

Samedi 9 Juillet.

Saint Ephrem, confesseur et docteur.

—

1547. — RÈGLEMENT POUR LA NOURRITURE ET L'ENTRETIEN DES PAUVRES.

Henri II par cette ordonnance défend aux mendiants valides de demander l'aumône. Il crée dans Paris trois ateliers pour recevoir ceux qui ne peuvent trouver de travail dans les établissements privés, et fait placer dans les hôpitaux ceux qui sont hors d'état de gagner leur vie. Pour subvenir aux dépenses nécessitées par ces derniers, il fait placer dans les églises des troncs pour recevoir les dons des personnes charitables.

Dimanche 10 Juillet.

Sainte Félicité et ses enfants martyrs.

—

988. — RENAUD, ÉVÊQUE DE PARIS EST NOMMÉ CHANCELIER DE FRANCE.

Le chancelier était le chef de la justice. Cette charge est très ancienne et existait sous les rois de la première race. Le chancelier ou grand référendaire avait les sceaux du roi, signait les chartes et les lettres de grâces. Cette fonction devint surtout illustre sous les rois de la troisième race.

Le Chancelier était président du conseil d'Etat, recevait l'hommage et le serment de fidélité des grands vassaux, donnait aux magistrats la permission de s'absenter de leur ressort.

Dans l'intérêt de l'indépendance de la justice le chancelier était nommé à vie. Le roi ne pouvait lui ôter les sceaux qu'en lui faisant un procès. Le Chancelier était le seul fonctionnaire qui ne portait le deuil en aucune circonstance.

Lundi 11 Juillet.

Sainte Zoé.

—

1375. — MORT DE THÉVENIN SAINT-LÉGER.

Thévenin Saint-Léger était le fou de Charles V. Ce monarque le fit enterrer à Saint-Maurice de Senlis dans un superbe mausolée. Il ne faudrait pas se laisser tromper sur la signification du mot fou et croire, comme on le fait souvent, que nos rois traînaient à leur suite, de pauvres insensés, dénués d'intelligence et dont l'idiotisme était pour eux le sujet d'un honteux divertissement. Ceux qui occupaient la charge de fou étaient en général des hommes de beaucoup d'esprit, qui savaient amuser la cour par leur humeur gaie et enjouée. Ces fous eurent quelquefois un grand crédit, et leur maître après leur mort les honorèrent souvent en leur faisant faire de superbes funérailles et de splendides tombeaux.

Mardi 12 Juillet.

Saint Jean Gualbert, abbé.

—

1260. — RÉDACTION DU LIVRE DES MÉTIERS.

Ce livre fut redigé par le prévôt Etienne Boileau. Il contenait les statuts des corporations parisiennes. On y trouve les détails les plus intéressants sur les différentes branches d'industrie. Les orfèvres, les batteurs d'or et d'argent, les batteurs d'étain, les archers, les merciers, les drapiers, les bonnetiers, les boutonniers, les brodeurs, les chapeliers, les baigneurs, les épiciers, les bouchers, les charpentiers, les serruriers, les chaudronniers, les chandeliers, formaient les principaux corps de métiers.

Mercredi 13 Juillet.

Saint Eugène. évêque et confesseur.

—

1339. — MORT DE DU GUESCLIN.

Bertrand Du Guesclin naquit en Bretagne en 1311, et donna dès sa jeunesse des preuves éclatantes de son courage. Du Guesclin fut un des plus grands capitaines de la France, et prit part à toutes les guerres contre les Anglais. Il leur enleva le Poitou, le Limousin et diverses places en Normandie et en Bretagne. Charles V le fit connétable en 1370. Il fut fait prisonnier à la bataille d'Auray en 1364, à celle de Navarret en 1367, et mourut en 1380 en faisant le siège de Châteauneuf de Randon.

Jeudi 14 Juillet.

St Bonaventure év. et c.

—

1430. — FONDATION DU COLLÈGE DE SEEZ PAR GEORGES LANGLOIS.

Ce collège est le dernier qui fut établi à Paris au moyen âge. Il existait à cette époque rien que dans la capitale quarante-quatre collèges, sur lesquels trente-cinq avaient été fondés par des ecclésiastiques et neuf autres par de grands personnages. Vingt-six étaient destinés à recevoir les jeunes gens les plus distingués de la province. Ces quarante-quatre établissements étaient tous pourvus de bourses qui permettaient aux écoliers pauvres d'étudier gratuitement. Beaucoup d'hommes illustres auxquels les rois ont donné de hautes charges étaient des enfants d'artisans qui avaient été élevés pour rien dans ces maisons à cause de leurs dispositions pour l'étude.

A la même époque il y avait en France dix-sept universités florissantes auprès desquelles se trouvaient quantité de collèges.

Vendredi 15 Juillet.

Saint Henri, évêque et c.

—

1556. — NAISSANCE DE MALHERBE.

François de Malherbe naquit à Caen en 1556, d'une famille noble et ancienne. Il fut un de nos plus célèbres poètes. Le Cardinal du Perron, instruit de son mérite et de ses talents le présenta à Henri IV qui lui fit une pension de mille livres et l'honora de son amitié. Après la mort du roi, Marie de Médicis, lui fit une pension de cinq cents écus. Malherbe fut surnommé le Père de la poésie française. Il mourut à Paris en 1628.

Samedi 16 Juillet.

Notre-Dame du Mont-Carmel.

—

1646. — DÉFENSE AUX PARTICULIERS DE PORTER DES ARMES.

A partir du XIIIe siècle, on trouve un grand nombre d'ordonnances qui défendent aux particuliers de porter des armes. Cette prohibition devint avec le temps de plus en plus sévère.

François Ier interdit aux gentilhommes eux-mêmes de sortir armés. Henri VI renouvela cette défense. Louis XIII ne permit qu'aux écoliers étrangers qui venaient étudier dans nos universités de porter des armes sur eux pendant leur voyage

Dimanche 17 Juillet.

Saint Alexis, confesseur.

—

1285. — FONDATION DE L'HÔPITAL SAINT-AVOIE.

Cet hôpital construit par Jean Sequens, curé de Saint-Merry, servait de maison de retraite à des veuves âgées qui se trouvaient sans soutien.

Il y avait déjà à Paris de nombreux hôpitaux pour les femmes. L'hôpital Sainte-Marie Égyptienne, fondé au Ve siècle, recevait les femmes malades. L'hôpital Sainte-Catherine, ouvert presqu'en même temps, servait de refuge de nuit aux femmes et aux filles.

Au XIIIe siècle, Etienne Haudri officier de la maison de Saint-Louis, avait fondé les Haudriettes pour donner asile à trente-deux femmes pauvres qu'il nourrissait à ses frais.

Lundi 18 Juillet.

Saint Camille de Lellis, c.

—

1661. — ÉTABLISSEMENT D'UNE MANUFACTURE DE DRAP A ABBEVILLE.

La France avait depuis longtemps d'importantes manufactures de draps. Dès la fin du XIVe siècle, Paris, Rouen, Amiens, Tournay, Reims, Carcassonne, Saint-Omer, Châlons, Térouanne. Beauvais, Louviers, fabriquaient des étoffes de laine. Mais les draps les plus recherchés venaient de l'Italie et de l'Angleterre.

Ce fut surtout pour perfectionner la fabrication des étoffes, que le roi fit établir la manufacture d'Abbeville. Pour encourager cette industrie, Louis XIV avança deux mille livres par chaque métier et donna des gratifications considérables aux manufacturiers.

En 1669, on comptait en France quarante-deux mille deux-cents métiers à laine.

Mardi 19 Juillet.

St-Vincent de Paul, conf.

—

1621. — NAISSANCE DE PELLISSON.

Paul Pellisson naquit à Béziers en 1624. Dès sa jeunesse il donna des marques de la valeur de son esprit. Il fit ses études à Castres, à Montauban, puis à l'université de Toulouse. Il cultiva avec succès les langues latine, grecque, française, espagnole, italienne.

En 1652, il vint s'établir à Paris où il acheta une charge de secrétaire du roi. En 1661, il eut part à la disgrâce de Fouquet et fut enfermé à la Bastille. Louis XIV après sa captivité lui fit une pension de deux mille écus. En 1670, il se convertit à la foi catholique, écrivit plusieurs ouvrages sur la Religion et mourut en 1693.

Mercredi 20 Juillet.

Sainte Marguerite, v., m.

—

1548. — HENRI III ÉTABLIT UNE BOURSE A TOULOUSE.

On entendait par Bourse le lieu où les marchands se réunissaient pour négocier leurs billets et pour parler de leurs affaires. Ces établissements existaient dans les principales places de commerce. Chaque Bourse avait un prieur et deux consuls qui jugeaient en première instance les procès entre marchands.

Jeudi 21 Juillet.

Saint Victor, martyr.

—

1691. —MORT DE LOUVOIS.

François-Michel le Tellier, marquis de Louvois, naquit à Paris en 1641. Il fut ministre de la guerre et secrétaire d'État. En 1668, Louis XIV le nomma surintendant général des Postes, grand Maître des courriers de France, et chancelier de ses Ordres. Louis XIV, à la sollicitation de Louvois, fit construire les Invalides. En 1683, il fut nommé surintendant des bâtiments, et mourut à Versailles en 1691.

Vendredi 22 Juillet.

Ste Marie-Madeleine, pén.

—

1684. — MORT DE MARIOTTE.

Mariotte fut un des plus illustres physiciens et un des plus grands mathématiciens du XVIIe siècle. Il fut prieur de Saint-Martin-sous-Beaune, près de Dijon et membre de l'académie des sciences. La physique lui est redevable d'un grand nombre de découvertes. Il mourut en 1684.

Samedi 23 Juillet.

Saint Appolinaire, évêque et martyr.

—

1663. — NAISSANCE DU PEINTRE RIGAUD.

Hyacinthe Rigaud naquit à Perpignan en 1663. Il excella dans le portrait et peignit la famille royale jusqu'à la quatrième génération.

Il devint professeur et directeur de l'académie de peinture. Il fut anobli en considération de ses talents, et mourut à Paris en 1743.

Dimanche 24 Juillet.

Ste Christine, v. et mart.

—

1534. — FONDATION DE L'HÔPITAL DES ENFANTS ROUGES.

Cet hôpital fut fondé par François Ier qui donna, à cet effet, une somme de 3000 livres tournois provenant de la taxe mise sur les usuriers. On élevait gratuitement dans cette maison les orphelines de père et de mère qui se trouvaient à l'Hôtel-Dieu. Il y avait à Paris, ainsi que dans les grandes villes, quantité d'hôpitaux de toutes sortes pour recevoir les enfants orphelins, abandonnés ou malades.

Sous Charles VII, Marseille avait un superbe hôpital d'enfants assistés.

Lundi 25 Juillet.

Saint Jacques le Majeur, apôtre.

—

1529. — ÉTABLISSEMENT DES AUGUSTINS A PARIS.

Les Augustins étaient des ermites que saint Louis ramena de la Terre-Sainte, et auxquels le pape Alexandre IV donna la règle de Saint-Augustin. Ces religieux furent admis dans l'université et se vouèrent à l'enseignement, à la prédication et aux œuvres charitables.

Cet ordre se divisa en plusieurs branches qui formèrent les grandes Augustins, les petits Augustins et les Augustins déchaussés.

Il y avait également des filles Augustines.

Celles de Sainte-Marthe se consacraient aux soins des malades dans les hôpitaux, et à l'enseignement des jeunes filles pauvres dans les écoles.

Les Augustines de Sainte-Catherine tenaient des maison hospitalières et prêtaient leur concours à différentes œuvres.

Mardi 26 Juillet.

Sainte Anne, mère de Notre-Dame.

—

1485. — ORDONNANCE SUR LA POLICE DES ÉGOUTS.

Les égouts de Paris rémontent au règne de Charles V et furent construits par Hugues Aubriot, prévôt de Paris. Les eaux allaient se perdre dans les prés des environs de la capitale.

Dès 1394, le quartier Montmartre avait des égouts maçonnés.

Mercredi 27 Juillet.

Saint Pantaléon, martyr.

—

1495. — NAISSANCE DE CLÉMENT MAROT.

Clément Marot naquit à Cahors en 1495. Il entra dans sa jeunesse en qualité de page chez la princesse Marguerite, sœur de François Ier et femme du duc d'Alençon. Il fit la campagne d'Italie avec le duc, et fut fait prisonnier à Pavie. De retour en France, il abandonna la carrière des armes pour s'adonner entièrement à la poésie et mourut en 1544.

Jeudi 28 Juillet.

SS. Nazaire, Celse et Victor, mart.

—

1180. — LOUIS VII AFFRANCHIT LES ESCLAVES RÉSIDANT A ORLÉANS ET AUX ENVIRONS.

L'exemple des affranchissements avait été donné dès le VIe siècle par les évêques et le clergé. Il n'est pas rare de voir à ces époques les prélats vendre une partie de leurs biens et faire fondre des vases sacrés pour racheter des esclaves. Les formules d'affranchissements, qui nous ont été conservées, montrent qu'ils ont toujours étaient faits dans une pensée chrétienne. Les affranchissements avaient lieu dans l'église, en présence de l'évêque et de témoins.

Vendredi 29 Juillet.

Sainte Marthe, vierge.

—

1383. — EXEMPTION D'IMPÔTS EN FAVEUR DES ÉTUDIANTS DE L'UNIVERSITÉ D'ANGERS.

A la fin du XIVe siècle, l'Université d'Angers qui avait à peine soixante ans d'existence était déjà une des plus célèbres du royaume. Son enseignement lui avait acquis une réputation universelle, et quantité d'écoliers de la France et de l'étranger venaient y faire leurs études. Charles VI, voulant faciliter l'accès de cette université au plus grand nombre d'étudiants possible, « parce qu'il importe à la gloire et à l'honneur des rois d'avoir dans leurs Etats des hommes laborieux, versés dans les sciences, qui, avec l'aide de Dieu, éclairent leurs délibérations et contribuent à rendre leur règne prospère et heureux, » exempta d'impôts les jeunes gens inscrits dans les différentes facultés d'Angers.

Samedi 30 Juillet.

Saint Germain, évêque d'Auxerre.

—

1752. — FONDATION D'UNE ÉCOLE NAVALE A BREST.

Cette école qui subsiste encore de nos jours fut fondée pour former des officiers pour la marine de guerre.

Depuis Colbert, il y avait dans nos ports des écoles d'Hydrographie, où étudiaient les capitaines au long cours, et les maîtres de cabotage.

1426. — FONDATION DE L'UNIVERSITÉ DE DÔLE.

Cette université fut fondée par Philippe, Duc de Bourgogne. Elle eut, dès l'origine, neuf chaires. Vers 1435 on créa une chaire de médecine qui fut, occupée par les professeurs les plus éminents de la France et de l'Etranger.

Dimanche 31 Juillet.

Saint Ignace de Loyola, confesseur.

—

1556. — MORT D'IGNACE DE LOYOLA.

Ignace de Loyola naquit en Espagne au château de Loyola, dans la province de Guipuscoa, en 1491. Il embrassa la carrière des armes et fut blessé en 1521 au siège de Pampelune où il se distingua par sa bravoure. Ayant conçu le dessein de fonder une nouvelle congrégation religieuse, il s'embarqua en 1523 pour la terre sainte et fit après son retour différents voyages en Italie. Il vint à Paris en 1528, étudia la grammaire au collège de Montaigu, la philosophie au collège Sainte-Barbe et la théologie chez les Dominicains.

En 1534, Ignace et quelques compagnons après avoir entendu la messe dans l'église de Montmartre, le jour de l'Assomption, firent le serment de se dévouer à l'instruction de la jeunesse, au soulagement des pauvres et à la conversion des infidèles.

Cette nouvelle société fut approuvée en 1540 et prit le nom de société de Jésus.

Lundi 1er Août.

Saint Pierre aux liens.

—

1469. — ÉTABLISSEMENT DE L'ORDRE DE SAINT-MICHEL.

Le nombre des chevaliers de cet ordre fut fixé primitivement à trente-six. On recevait cette marque de distinction de la main du roi. On prêtait serment de maintenir les droits de la couronne de France et l'autorité du souverain. Plus tard, on augmenta le nombre des chevaliers, et cet ordre, donné avec trop de facilité, finit par s'avilir. Le roi cessa lui-même de donner cette croix. Sous Louis XIV, beaucoup d'artistes célèbres furent créés chevaliers de Saint-Michel. Ceux qui n'étaient pas nobles étaient anoblis avant d'être promus.

Mardi 2 Août.

S. Alphonse-Marie de Liguori, c. doct.

—

1454. — PROJET D'AGRANDISSEMENT DE L'ÉCOLE DE MÉDECINE DE PARIS.

Jacques Desparts, chanoine de Notre-Dame et premier médecin de Charles VII, réunit ses confrères et leur proposa de faire choix d'un nouveau local pour y transférer l'école de médecine. Sa proposition ayant été favorablement accueillie, il donna trois cents écus d'or, une partie de ses meubles, et vendit ses manuscrits pour subvenir aux dépenses de ce nouvel établissement.

La faculté de médecine existait depuis le XIIIe siècle. On y enseignait la physiologie, la botanique, la chirurgie, la pharmacie et la chimie.

Au printemps, le professeur de botanique conduisait ses élèves à la campagne, pour herboriser sous sa direction.

Mercredi 3 Août.

L'invention de St Étienne, premier martyr.

—

1619. — MORT DE FRÉMINET.

Fréminet naquit à Paris en 1557, et partit à l'âge de 25 ans pour l'Italie où il étudia d'une manière toute particulière les chefs-d'œuvre de Michel-Ange.

Après un séjour de 16 ans à Rome il revint en France. Henri IV le nomma son premier peintre et lui fit décorer plusieurs salles du château de Fontainebleau. Il reçut en récompense le cordon de l'Ordre de Saint-Michel, des mains de Marie de Médicis.

Il mourut en 1619 et fut enterré dans l'abbaye de Barbeau.

Jeudi 4 Août.

Saint Dominique, conf.

—

1221. — MORT DE SAINT DOMINIQUE, FONDATEUR DE L'ORDRE DES FRÈRES PRÊCHEURS.

Les Frères prêcheurs ou dominicains furent établis en 1215 par Dominique de Gusman, gentilhomme espagnol pour combattre l'hérésie des Albigeois. Leur institut fut approuvé en 1223, et ils s'établirent à Paris quelques années après rue Saint-Jacques, ce qui leur fit donner le nom de Jacobins. Ces religieux faisaient partie de l'université et avaient de nombreux collèges en France. Ils se consacraient à la prédication et au soulagement des pauvres. Leur règle était celle de Saint-Augustin.

Vendredi 5 Août.

Notre-Dame des Neiges.

—

1651. — NAISSANCE DE FÉNELON.

Fénelon naquit en 1651 d'une famille noble et ancienne. Il fut d'abord envoyé à l'université de Cahors et vint ensuite à Paris achever ses études. Il reçut les ordres à l'âge de vingt-quatre ans et fut nommé, quelques années après supérieur des nouvelles catholiques. En 1689, il devint précepteur des ducs de Bourgogne, d'Anjou et de Berry, et composa pour ces jeunes princes Télémaque. En 1693, il succéda à Pélisson à l'académie française et fut nommé archevêque de Cambrai en 1695. Il mourut au mois de janvier 1715.

Ses principaux ouvrages sont : Télémaque, le traité de l'existence de Dieu, les Dialogues sur l'éloquence et le traité de l'éducation des filles.

Samedi 6 Août.

Transfiguration de N.-S.

—

1762. — ARRÊT DU PARLEMENT CONTRE LES JÉSUITES.

Le Parlement reproche aux Jésuites d'avoir enseigné le probabilisme, le péché philosophique, la morale concernant la simonie, le blasphème, le sacrilège, la magie, l'astrologie, l'irréligion de tous les genres, l'idolatrie, la prévarication du juge, l'homicide, le parricide, l'attentat à l'autorité et à la vie des rois ; de s'être montrés favorables aux schismes des grecs, à l'arianisme, au socinianisme, au sabellanisme, à l'hérésie de Nestorius ; d'avoir interprété l'écriture d'une manière hérétique, d'avoir affaibli en faveur des ariens les arguments qui se tirent du premier chapitre de saint Jean, d'avoir renouvelé les erreurs de Ticonius, de Pélage, des semispélagiens, de Cassien, de Plaute, des Marseillais, de s'être montrés peu respectueux vis-à-vis d'Abraham et de saint Jean Baptiste. Enfin, d'avoir fait dépendre de vains raisonnements le système de la vie des hommes et la règle des mœurs.

Dimanche 7 Août.

St. Goëtan de Thanne, conf.

—

1664. — ÉTABLISSEMENT D'UNE MANUFACTURE DE TAPISSERIE A BEAUVAIS.

Cet établissement occupait six cents ouvriers. Louis XIV donna au premier manufacturier soixante mille livres à titre d'encouragement.

Lundi 8 Août.

Saint Justin, martyr.

—

1110. — MORT DE PIERRE D'AILLY.

Pierre d'Ailly naquit en 1350 à Compiègne, de parents pauvres. Il fut boursier au collège de Navarre, et, après avoir fait des brillantes études, il devint docteur de la maison de Sorbonne en 1380, puis chancelier de l'université. Charles VI choisit d'Ailly pour son confesseur, le nomma évêque de Cambrai et obtint pour lui le chapeau de cardinal. Il mourut à Avignon en 1419. Son principal ouvrage est un traité de la réforme de l'Église.

Mardi 9 Août.

Saint Romain, martyr.

—

1331. — HOMOLOGATION DES USAGES OBSERVÉS A LA FACULTÉ DE MÉDECINE POUR LA RÉCEPTION DES ÉTUDIANTS.

Pour être reçu docteur en médecine, il fallait subir 16 épreuves et faire 9 ans d'études. Le baccalauréat était le premier grade. On le passait au bout de 3 ans d'école. Le second était la la licence. Pour y parvenir on faisait d'abord des leçons publiques pendant 3 mois, puis on soutenait quatre thèses. Quand l'étudiant avait été le temps réglementaire à la faculté, on lui permettait de se présenter aux examens du doctorat. Les épreuves duraient pendant trois jours et roulaient sur toutes les difficultés de la médecine. Le candidat une fois admis recevait solennellement le bonnet de docteur.

Mercredi 10 Août.

Saint Laurent, martyr.

—

1644. — ÉTABLISSEMENT DES THÉATINS A PARIS.

L'Ordre des Théatins fut fondé en 1524 par le cardinal de Vivence et Caraffa qui devint Pape sous le nom de Paul IV. La mission de ces religieux était la prédication. Beaucoup allaient aussi à l'étranger évangéliser les infidèles.

Mazarin établit les Théatins à Paris et leur légua 100,000 écus par son testament.

Cet ordre fut supprimé en 1790.

Jeudi 11 Août.

Ste Suzanne, v. et mart.

—

1140. — FONDATION DE LA TRAPPE.

La Trappe était une abbaye de l'ordre de Cîteaux que Rotrou, Comte du Perche, avait fondée en 1140,

Les religieux de la Trappe menaient une vie très austère et partageaient leur temps entre les exercices de la religion, les travaux des champs, la copie des manuscrits et différents autres ouvrages utiles.

Les trappistes furent réformés en 1663, par Bouthillier de Rancé, docteur en théologie et premier aumônier du duc d'Orléans.

Vendredi 12 Août.

Sainte Claire, vierge.

—

1662. — MORT DE PASCAL

Blaise Pascal naquit à Clermont en 1623, d'une ancienne famille de l'Auvergne. Son père l'amena tout jeune à Paris et confia les soins de son éducation aux savants les plus renommés. A douze ans, il était déjà très versé dans la connaissance des langues et des mathématiques, et à seize ans il composait un traité des sections coniques.

Après s'être occupé de sciences jusqu'à l'âge de trente ans et avoir fait d'importantes découvertes, il se retira à Port-Royal où il mourut en 1662.

On a de lui un traité de l'équilibre des liqueurs, des pensées sur la religion, des lettres provinciales, plusieurs écrits contre certaines thèses soutenues par les Jésuites.

Samedi 13 Août.

Ste Radegonde, r. de Fr. Vigile.

—

1766. — ENCOURAGEMENT ACCORDÉ A CEUX QUI DÉFRICHENT DES TERRES INCULTES.

Au XVIIIe siècle, l'agriculture fut l'objet d'une grande protection de la part de Louis XV et de Louis XVI. Pour encourager les propriétaires, on exempta d'impôts ceux qui mettaient en valeur des terres incultes. On organisa des sociétés agricoles, on distribua des prix publics aux cultivateurs et on fit donner gratuitement dans les campagnes, les livres qui avaient le plus de réputation.

Dimanche 14 Août.

Saint Eusèbe, confesseur.

—

1631. — RENAUDOT FAIT PARAITRE LE PREMIER NUMÉRO DE LA « GAZETTE DE FRANCE ».

Cette gazette paraissait une fois par semaine et contenait les nouvelles qui pouvaient le plus intéresser le public. A la mort de Renaudot, arrivée en 1652, ses héritiers continuèrent ce journal et Louis XIV confirma le privilège accordé par Louis XIII à son fondateur.

Lundi 15 Août.

Assomption de Notre-Dame.

—

1352. — CRÉATION DE L'ORDRE MILITAIRE DE L'ÉTOILE.

Cet ordre est le premier qui fut institué en France. Le nombre de chevaliers fut fixé à 500. Ceux qui recevaient cette distinction s'engageaient à jeûner tous les samedis et à donner quinze deniers d'aumône aux pauvres par semaine. Cet ordre donné avec trop de facilité finit par s'avilir. Charles VIII le supprima.

Mardi 16 Août.

Saint Roch, confesseur.

—

1516. — SIGNATURE DU CONCORDAT ENTRE FRANÇOIS Ier ET LE PAPE LÉON X.

Ce traité qui abolissait en partie la pragmatique sanction de Charles VII, fut publié et exécuté malgré l'opposition du clergé, de l'université et du Parlement. Il retirait aux chapitres la nomination des prélats et donnait le droit de présentation au roi et celui d'approbation au pape. Il accordait au Saint-Siège les annates, c'est-à-dire la première année de revenus des bénéfices qui venaient à vaquer par la mort des titulaires.

Mercredi 17 Août.

Saint Cœur de Marie,
Saint Mammès

—

1523. — DÉGRADATION DU CAPITAINE FRAUGET.

Frauget, gentilhomme gascon qui s'était d'abord distingué par sa bravoure, ayant rendu Fontaribe qu'il était chargé de défendre, fut publiquement dégradé.

La dégradation était en usage depuis longtemps. — Lorsqu'un gentilhomme était reconnu coupable de trahison on réunissait 20 ou 30 chevaliers sans reproches, on le plaçait sur un échafaud, et 12 prêtres chantaient les vigiles des morts pendant qu'un chevalier le dépouillait de ses insignes. Une fois cette première cérémonie accomplie on le plaçait sur une civière, on le couvrait d'un drap mortuaire, on lui disait l'office de trépassés, puis on le livrait à l'exécution de la haute justice.

Jeudi 18 Août.

Ste Hélène, impératrice.

—

1681. — ORDONNANCE SUR LA MARINE.

Cette ordonnance réglait les formes de la procédure à suivre devant les amirautés et déterminait les limites de la compétence de ces tribunaux. Elle fixait les attributions des membres du personnel de la marine, traitait des contrats maritimes, de la police des ports et des côtes, et de la pêche en mer.

Vendredi 19 Août.

Saint Jules, martyr.

—

1262. — POSE DE LA PREMIÈRE PIERRE DE LA CHAPELLE DES CORDELIERS.

Les cordeliers étaient des religieux de l'ordre de Saint François. Ils furent introduits en France par saint Louis en 1238. Ces religieux étaient des moines mendiants Leur principale mission était l'enseignement et la prédication. Ils possédaient 284 couvents d'hommes en France, et 123 maisons de filles. Beaucoup de ces couvents étaient situés auprès des universités et étaient des collèges d'étudiants,

Samedi 20 Août.

S. Bernard, conf. et doct.

—

1153. — MORT DE SAINT BERNARD, FONDATEUR DE L'ABBAYE DE CLAIRVAUX.

Saint Bernard, gentilhomme bourguignon, religieux de Cîteaux, fonda en 1115, l'abbaye de Clairvaux dans le diocèse de Langres. On observait dans ce monastère la règle de saint Benoît. Ces moines prirent le nom de Bernardins en l'honneur de leur fondateur.

Les Bernardins, dès 1244, avaient à Paris un collège pour les religieux de leur ordre. Au XVIIe siècle, ils avaient près de 500 maisons en France.

Dimanche 21 Août.

Ste Jeanne-Françoise de Chantal.

—

1603. — INSTITUTION DE L'ORDRE MILITAIRE DE SAINT-LOUIS.

Cet ordre fut institué par Louis XIV pour récompenser les services militaires. Pour être chevalier dans l'ordre de Saint-Louis, il fallait faire profession de la religion catholique, avoir servi pendant 20 ans comme officier ou être actuellement au service. Le roi, le dauphin et tous les princes du sang faisait partie de cet ordre. Il y avaient 26 grand'croix, 64 commandeurs, 4 grands officiers, 4 officiers commandeurs et 8 autres officiers.

Lundi 22 Août.

Oct. de l'Assomption. Saint Hippolyte, conf. martyr.

—

1609. — ORDONNANCE DE HENRI IV CONTRE LES BANQUEROUTIERS FRAUDULEUX.

Avant ce roi, les banqueroutiers frauduleux étaient exposés trois jours de suite pendant une heure au pilori. Beauconp échappaient à cette peine à force d'argent. Henri IV prescrivit la peine de mort contre ceux qui s'étaient rendus coupables de ce crime. Il ne paraît pas que cette ordonnance ait été exécutée.

1740. — EXPOSITION DE PEINTURE ET DE SCULPTURE DANS LES SALONS DU LOUVRE.

La première exposition solennelle de ce genre eut lieu en 1699 dans une des galeries du Louvre. — Depuis 1751 jusqu'à la révolution ces expositions eurent lieu tous les deux ans.

Mardi 23 Août.

S. Sidoine, évêque et conf.

—

1404. — LA MAISON DE CHARLES DE SAVOISY EST RASÉE POUR VOIR DE FAIT SUR DES ÉLÈVES DE L'UNIVERSITÉ DE PARIS.

En 1404, des étudiants de l'Université qui allaient en procession à Sainte-Catherine-du-Val, furent insultés et battus par des domestiques de Charles de Savoisy. L'Université demanda réparation de l'insulte faite à ses écoliers et Savoisy fut condamné à cent livres de rentes pour la fondation d'une chapelle, à ses dommages et intérêts envers les blessés et à voir démolir sa maison.

Cet arrêt fut exécuté dans toute sa rigueur, bien que Charles de Savoisy fût chevalier d'honneur de Charles VI, qu'il fût ami d'enfance du roi et un des hommes les plus éminents de son temps.

Mercredi 24 Août.

Saint Barthélemy, apôtre.

—

1780. — ABOLITION DE LA QUESTION PRÉPARATOIRE.

On entendait par question certaines tortures que l'on faisait subir aux accusés pour tâcher de leur faire avouer la vérité. Ce procédé qui fut toujours employé dans l'antiquité comme moyen d'information fut introduit en France dès le XIIIe siècle.

La torture souleva de bonne heure d'énergiques protestations. Elle fut abolie par Louis XVI en 1780.

Jeudi 25 Août.

S. Louis, roi de France.

—

1617. — ORDONNANCE PRESCRIVANT AUX LIBRAIRES DE DÉPOSER DEUX EXEMPLAIRES DE TOUS LES OUVRAGES NOUVEAUX A LA BIBLIOTHÈQUE DU ROI.

Tous les monastères dès les premiers siècles avaient des bibliothèques. Charlemagne fit tous ses efforts pour encourager les copistes de manuscrits, et fit transcrire César, Cicéron, Quintilien, saint Jérôme, l'ancien et le nouveau testament, etc.

Au XIIIe siècle, saint Louis avait une bibliothèque près de la Sainte-Chapelle, dans laquelle il admettait volontiers tous ceux qui lui en demandaient la permission.

Charles V réunit dans une des tours de son Palais qui prit depuis le nom de tour de la librairie, un certain nombre de volumes ; ce furent les commencements de la bibliothèque royale. Henri II ordonna aux libraires d'y déposer un exemplaire de tous les ouvrages qui paraissaient. Colbert l'augmenta de plus de dix mille manuscrits et de 40,000 imprimés,

Au XVIIIe siècle, les bibliothèques de Saint-Germain-des-Prés, du collège Mazarin, de Saint-Charles, des avocats de Saint-Victor, étaient publiques,

Vendredi 26 Août.

S. Zéphyrin, pape et mart.

—

1634. — LOUIS XIII ACCORDE DES PRIVILÈGES AU COLLÈGE DE LA FLÈCHE.

Ce Collège fut fondé par Henri IV sur les instances de Fouquet de la Varenne pour les jésuites. Le roi donna 100,000 écus de sa cassette pour la construction de cet établissement et les habitants de la Flèche s'imposèrent volontairement une contribution de 6000 livres pour participer à cette fondation. Descartes, le chancelier Voisin, le prince Eugène de Savoie, l'avocat général Séguier, Pasquier furent élevés dans ce collège. Le cœur d'Henri IV fut déposé dans la chapelle de cette maison après sa mort et fut profané à la révolution par le peuple en présence du député Thirion.

Samedi 27 Août.

Ste Eulalie, vierge et mart.

—

1326. — FONDATION DE L'HOPITAL DES ENFANTS BLEUS.

Cet hôpital était spécialement destiné à recevoir les enfants pauvres abandonnés de leurs parents. On y admettait également les enfants bâtards de l'Hôtel-Dieu.

Dimanche 28 Août.

S. Augustin, év. conf. et d.

—

1610. — LOUIS XIII POSE LA PREMIÈRE PIERRE DES NOUVEAUX BATIMENTS DU COLLÈGE ROYAL (COLLÈGE DE FRANCE).

Ce collège fut fondé par François Ier en 1529 malgré l'opposition de l'Université et comptait à l'origine trois chaires : une de grec, une de latin et une d'hébreu.

Cet établissement prospéra rapidement. A la fin du règne de son fondateur, le nombre des chaires fut porté à 12 et en 1680 il était de 19.

On enseignait au collège royal le grec, l'hébreu, l'arabe, le syriaque, l'éloquence latine, la philosophie, les mathématiques, la médecine, la pharmacie, le droit civil, et le droit canonique. Les professeurs étaient choisis parmi les hommes les plus éminents de la France et de l'étranger, et furent sans cesse l'objet d'une protection marquée de la part des rois.

Péréfixe nous raconte qu'en 1599, les professeurs du collège royal qui n'avaient pas été payés depuis longtemps, vinrent trouver Henri IV pour lui exposer leur situation « J'aime mieux, dit ce prince à Sully qui se trouvait présent, qu'on diminue de ma dépense et qu'on ôte de ma table pour en payer mes lecteurs; messieurs, monsieur de Rosny vous payera.» A partir de ce jour il touchèrent régulièrement leurs traitements pris sur les économies du roi.

Lundi 29 Août.

Décollation de S. Jean-B.

—

1619. — NAISSANCE DE THOMASSIN.

Thomassin, prêtre de l'Oratoire, fut un des hommes les plus remarquables du XVIIe siècle. Après avoir fait de brillantes études chez les oratoriens, il alla à Saumur où il enseigna la philosophie et les lettres. Il revint à Paris quelques années après et fut chargé des conférences de théologie du séminaire de Saint-Magloire. Il acquit une telle réputation que le pape Innocent XI voulut l'attirer à Rome, mais sur les instances de Louis XIV il resta à Paris. Il mourut en 1695. Le clergé de France lui servait une pension de 1000 livres qu'il employa toujours en œuvres charitables.

On a de lui un traité de discipline ecclésiastique, un traité de la vérité, un glossaire universel hébraïque et différents ouvrages théologiques.

Mardi 30 Août.

Ste Rose de Lima, vierge.

—

1613. — FONDATION D'UNE ACADÉMIE MILITAIRE.

Cette académie était composée d'officiers chargés d'enseigner les manœuvres des différentes armes à des sous-officiers et soldats de l'armée royale. On formait les élèves à la plus grande politesse, ceux qui juraient étaient impitoyablement condamnés à l'amende. Cette académie fut fermée quelques années après sa fondation.

Mercredi 31 Août.

Saint Aristide.

—

1619. — NAISSANCE DE COLBERT.

Colbert naquit à Reims en 1619. Il s'attacha dans sa jeunesse à Mazarin qui lui donna toute sa confiance et le recommanda à sa mort à Louis XIV.

Il fut conseiller d'État, contrôleur général des finances, surintendant des bâtiments, secrétaire et ministre d'État. Il rétablit les finances, la marine et le commerce. Il fit construire le Louvre et quantité d'autres édifices et appela en France les plus célèbres artistes de l'Italie. Il établit et protégea les académies et fit pensionner les savants de la France et de l'étranger. Il mourut à Paris à l'âge de 64 ans, usé par l'excès du travail.

Jeudi 1er Septembre.

S. Leu, évêque et conf.

—

1206. — MESURES PRISES CONTRE LES JUIFS.

On défendit aux juifs de prendre plus de deux deniers d'intérêt pour livre par semaine. Pour assurer la loyauté de leurs transactions on les contraignit à ne faire aucun prêt sans être assisté de deux bourgeois connus par leur honorabilité. On leur fit également défense de prendre en gage des objets de première nécessité.

Vendredi 2 Septembre

Saint Gille, abbé.

—

1585. — ÉTABLISSEMENT DES CAPUCINS A MEUDON.

Les capucins, ainsi nommés à cause de la forme de leur capuchon, étaient des religieux de l'Ordre de saint François, réformé par Mathieu de Basci.

Ils furent approuvés en 1536, et vinrent s'établir en France à la prière de Charles IX. Ils se consacraient à la prédication et au secours des pauvres.

Samedi 3 Septembre.

Saint Merri, abbé.

—

1648. — NOUVEAUX STATUTS POUR LA COMMUNAUTÉ DES ÉCRIVAINS.

Avant la découverte de l'imprimerie, les écrivains avaient pour principale occupation de copier les livres nécessaires à la célébration des offices, et les ouvrages en usage dans les universités. Ils étaient environ dix mille, rien qu'à Paris, et jouissaient d'une partie des privilèges accordés aux étudiants.

Après la découverte de l'imprimerie, ils eurent pour spécialité la vérification des écritures en justice. Pour être admis dans cette corporation, il fallait avoir vingt-et-un ans et avoir subi un examen d'orthographe, d'arithmétique et de vérification des écritures.

Les écrivains donnaient aussi des leçons d'écriture dans les petites écoles.

Dimanche 4 Septembre

Sainte Rosalie, vierge.

—

1719. — MORT DU PÈRE TELLIER.

Michel Tellier naquit en Normandie en 1643. Après avoir enseigné avec succès les lettres et la philosophie, Louis XIV le choisit pour son confesseur après la mort du Père La Chaise. Il fut nommé membre de l'académie des inscriptions et belles-lettres.

Il est l'auteur d'un grand nombre d'ouvrages estimés.

Lundi 5 Septembre.

Saint Laurent-Justinien, évêque, confesseur.

—

1402. — CONFIRMATION DES PRIVILÈGES DE L'UNIVERSITÉ DE PARIS.

Quelques-uns des privilèges de l'université de Paris commençant à être contestés, le roi les confirma et défendit à qui que ce soit d'y porter atteinte, entendant « que cette université qui avait répandu la science dans son royaume et chez les nations étrangères » jouit paisiblement de ses prérogatives.

Mardi 6 Septembre.

Saint Hubert, abbé.

—

696. — SAINT RIGOBERT FAIT CONSTRUIRE DES BAINS POUR LES CHANOINES DE SON ÉGLISE.

On a prétendu que l'Église avait, pendant des siècles, proscrit les bains ; rien n'est moins exact. Presque tous les couvents, longtemps avant Charlemagne, avaient bains. Le pape Adrien Ier, qui fut élu en 772, recommandait au clergé de se baigner au moins une fois tous les jeudis. Sous Louis XI, l'usage des bains était général, et tous les particuliers aisés avaient des baignoires.

Dans beaucoup d'endroits, en Bretagne surtout, le clergé, au moyen âge, défendait aux fidèles de venir le dimanche à l'église avant de s'être baignés et changés de linge.

Mercredi 7 Septembre.

Saint Cloud, confesseur.

—

1592. — MORT DE MONTAIGNE.

Michel de Montaigne, naquit au château de Montaigne en Périgord en 1538. Il fit ses études au collège de Bordeaux. Après avoir fait son droit dans cette ville, il devint conseiller au Parlement.

Il voyagea en France, en Lorraine, en Allemagne ; alla à Rome en 1580, assista aux États à Blois en 1588, où il reçut de Charles IX le collier de l'Ordre de Saint-Michel. En 1581, il avait été élu maire de Bordeaux. Il se retira ensuite dans son château de Montaigne où il composa ses Essais, et mourut à Gournai en 1592.

Jeudi 8 Septembre.

Nativité de Notre-Dame.

—

1621. — NAISSANCE DE CONDÉ.

Louis de Bourbon, prince de Condé, naquit en 1621. Après avoir fait ses études chez les Jésuites, il embrassa la carrière des armes dans laquelle il se distingua dès sa jeunesse. Nommé à l'âge de 22 ans au commandement en chef de l'armée de Flandre, il remporta sur les plus habiles généraux espagnols la bataille de Rocroy. Il fit avec succès les campagnes de 1644, 1645, 1646, et gagna en 1648 la bataille de Lens. Il joua un rôle important pendant la Fronde. Il prit part aux guerres de Flandre et d'Allemagne, se retira de la vie publique après la paix de Nimègue et mourut en 1686.

Vendredi 9 Septembre.

Saint Mathurin, conf.

—

1561. — OUVERTURE DU COLLOQUE DE POISSY.

On a donné le nom de colloque de Poissy aux conférences que tinrent les protestants et les catholiques en présence de la cour, pour discuter les dogmes des deux religions et pour tâcher d'arriver à une entente.

Ce colloque ne servit qu'à envenimer les haines des deux partis.

1311. — L'ARCHEVÊQUE DE PARIS CONFIRME LA FONDATION DU COLLÈGE D'HARCOURT.

Ce collège fut commencé en 1289 par Raoul d'Harcourt, chanoine de Notre-Dame de Paris. A sa mort, il laissa une partie de sa fortune pour la fondation de bourses destinées à l'entretien d'étudiants pauvres des diocèses de Coutance, d'Évreux, de Bayeux et de Rouen.

Samedi 10 Septembre.

S. Nicolas de Tolentino. confesseur.

—

1545. — SUPPRESSION DE LA CHARGE DE CHAMBRIER.

Le chambrier était l'officier chargé de la chambre et du trésor du roi. Cette charge était très ancienne, elle remontait à Dagobert

Le chambrier était le dépositaire des clefs des armoires où étaient les effets précieux du roi. Il avait, en outre, juridiction sur les marchands et artisans du royaume. Il donnait les lettres de maîtrise et veillait à l'observation des ordonnances.

Dimanche 11 Septemb.

Saint Hyacinthe, martyr.

—

1664. — RÉVOCATION DES LETTRES DE NOBLESSE ACCORDÉES DEPUIS 1634.

Sous Louis XIII, et pendant les troubles de la Fronde, beaucoup de roturiers avaient acheté des lettres de noblesse et s'étaient ainsi soustraits pour l'avenir au paiement de l'impôt.

Louis XIV, sur les conseils de Colbert, fit rechercher ces nobles, et quarante mille familles furent de nouveau imposées.

Lundi 12 Septembre.

Saint Guy, confesseur.

—

1640. — SAINT VINCENT DE PAUL FONDE L'HOPITAL DES ENFANTS TROUVÉS.

Pendant longtemps il n'y eut pas de maison spéciale pour recevoir les enfants abandonnés. On les plaçait dans les hôpitaux ordinaires ou on les confiait à des personnes charitables et à des nourrices de la campagne. A Paris quelques particuliers entreprirent de recueillir les enfants exposés dans les rues, mais le nombre en devint tellement considérable, qu'ils furent obligés d'y renoncer. Le roi en 1640, donna à saint Vincent de Paul le château de Bicètre pour y loger les enfants abandonnés. Cette maison devint elle-même insuffisante et on transféra cet hôpital rue Neuve-Notre-Dame en 1670. En 1675 Louis XIV donna 20,000 livres de rentes à l'Œuvre des Enfants trouvés. Marie-Thérèse posa la première pierre de l'hôpital qui se trouve aujourd'hui boulevard d'Enfer.

Mardi 13 Septembre.

Saint Aimé, confesseur.

—

1624. — PRIVILÈGES ACCORDÉS AUX ÉTUDIANTS ALLEMANDS QUI VIENNENT ÉTUDIER A BOURGES.

Ces privilèges étaient les mêmes que ceux accordés aux étudiants de cette nation qui venaient étudier à Paris.

L'université de Bourges était justement célèbre à l'étranger. Quantité d'Allemands venaient y étudier malgré les vingt-cinq universités, presque toutes séculaires, que l'Allemagne possédait chez elle.

Mercredi 14 Septembre

Exaltation de la Ste Croix.

—

1437. — PROTECTION ACCORDÉE PAR CHARLES VII AUX ÉTUDIANTS ANGLAIS.

Une partie de la France était encore aux mains des Anglais, Paris était depuis seize ans sous leur domination, la misère avait aigri le peuple, et les paysans avaient formé des bandes d'écorcheurs qui parcouraient le royaume, faisant main basse sur tous les sujets du roi d'Angleterre. Charles VII, apprenant que des jeunes gens de cette nation qui venaient étudier à Toulouse, avaient été victimes de la fureur des Français, accorde un sauf-conduit aux étudiants anglais et les met sous la protection du Sénéchal de cette ville. A partir de ce jour, ces écoliers furent respectés et purent venir sans danger étudier dans nos universités.

Jeudi 15 Septembre.

Saint Nom de Marie.

—

1406. — CHARLES VI FAIT PORTER LES ABATTOIRS EN DEHORS DES GRANDES VILLES.

Dès la fin du XIIIe siècle, on prit de nombreuses mesures dans l'intérêt de la salubrité publique. On défendit d'élever des animaux dans l'intérieur des villes ; les habitants furent astreints à se débarrasser de leurs ordures tous les matins, et, à cet effet, on faisait parcourir les rues par des tombereaux que précédaient des hommes munis de cloches ; on ordonna de porter les abattoirs en dehors des grandes villes et de reléguer au delà des murs les établissements insalubres. Paris avait anciennement quatre abattoirs. On tuait les veaux à la porte Saint-Germain, les moutons à Saint-Marcel, les porcs à Sainte-Geneviève et les bœufs à la porte Paris.

Vendredi 16 Septembre

SS. Corneille et Cyprien, évêques et martyrs.

—

1355. — ORDONNANCE CONCERNANT LES JONGLEURS.

Les jongleurs étaient des espèces de clowns. Ils eurent un certain succès au XIIe siècle et furent même admis à la cour.

Philippe-Auguste les en bannit et saint Louis se montra très sevère à leur endroit. Leurs bouffonneries furent souvent grossières et même indécentes, et l'on fut obligé de réprimer la licence de leurs spectacles en sévissant sévèrement contre eux.

Samedi 17 Septembre.

Stigmates de saint François d'Assise.

—

1691. — LE GRAND CONSEIL DONNE DES STATUTS AUX BALANCIERS.

La communauté des balanciers avait une origine très ancienne.

Chaque maître balancier devait marquer son ouvrage d'un poinçon dont l'empreinte était conservée au greffe de la Cour des monnaies.

L'apprentissage était de cinq ans, le brevet coûtait 50 livres et la maîtrise 400.

Dimanche 18 Septemb.

S. Thomas de Villeneuve, évêque, confesseur.

—

1614. — MORT DU PÈRE PÉTAU.

Pétau naquit à Orléans en 1583 et entra chez les Jésuites en 1605. Il enseigna la rhétorique et l'histoire, et s'acquit une réputation européenne. Tous ses ouvrages ont été écrits en latin.

Lundi 19 Septembre.

Saint Janvier, martyr.

—

1439. — ORDONNANCE CONCERNANT LES BOULANGERS.

Cette ordonnance prescrit aux boulangers de peser leur pain toutes les fois que leurs clients le demanderont et fixe la qualité qu'il doit avoir pour être mis en vente.

Le prix du pain dans les grandes villes du Nord de la France était au XVe siècle de 1 denier pour le pain ordinaire et de 2 deniers pour les pains de luxe. La journée d'un ouvrier était de 4 sols ou 48 deniers.

Les années où la récolte était mauvaise la fabrication des pains de fantaisie qui prennent la fleur de la farine était interdite. Quand cette mesure ne suffisait pas pour empêcher le pain d'atteindre un prix trop haut, les municipalités achetaient des grains qu'elles revendaient à perte aux boulangers.

Le prix du pain fut toujours taxé dans l'ancienne France.

S.

Mardi 20 Septembre.

Saint Eustache et ses compagnons, mart.

—

1608. — NAISSANCE D'OLIER FONDATEUR DU SÉMINAIRE DE SAINT-SULPICE.

Olier, fils d'un maître des Requêtes au Parlement de Paris, naquit dans cette ville en 1608. Il embrassa l'état ecclésiastique et fut ordonné prêtre en 1633. Après avoir travaillé à la réforme de plusieurs monastères, il forma le dessein d'établir un séminaire pour les jeunes gens qui se destinaient à entrer dans les ordres et fonda en 1642 celui de Saint-Sulpice qui fut confirmé l'année suivante par les lettres patentes du Roi. Il établit des maisons semblables à Nantes, à Viviers, au Puy en Velay et à Clermont. Il mourut à Paris en 1657.

Mercredi 21 Septembre

S. Mathieu, apôtre, Q. T.

—

1666. — MORT DE MANSARD.

François Mansard naquit à Paris en 1598. Dès sa jeunesse il s'adonna à l'étude de l'Architecture et s'acquit de bonne heure une grande réputation. On doit à Mansard l'église du Val-de-Grâce, le Château de Maisons et d'autres monuments remarquables. Il mourut à Paris en 1666.

Jeudi 22 Septembre.

S. Maurice et ses comp. m.

—

1506. — ORDONNANCE CONCERNANT LES MATIÈRES D'OR ET D'ARGENT.

Dès le XIIIe siècle, les orfèvre furent contraints de mettre une marque particulière sur chacun de leurs produits. Louis XII exigea plus, il voulut que toutes les pièces mises en vente fussent essayées auparavant par les gardes de la corporation des orfèvres.

Vendredi 23 Septembre

Ste Thècle, v. et m Q. T.

—

1452. — RÉFORME DE L'UNIVERSITÉ PAR LE CARDINAL D'ESTOUTEVILLE.

Le projet de réforme de l'université fut rédigé par le cardinal d'Estouteville et une commission de magistrats choisis parmi les membres du Parlement.

On apporta quelques changements dans les programmes des études, on permit aux membres de la faculté de médecine de se marier et on supprima certains privilèges qui paraissaient abusifs.

Samedi 24 Septembre.

N.-D. de la Merci. Q. T.

—

1779. — MORT DE CHARDIN.

Jean-Baptiste Chardin, fils d'un modeste menuisier de Paris, naquit dans cette ville le 2 Novembe 1699. Ayant montré de bonne heure de grandes dispositions pour le dessin, son père le plaça chez Coypel. En 1728 il fut reçu à l'académie de Saint-Luc. Ses natures mortes lui acquirent une grande réputation. En 1743, il fut nommé Conseiller de l'académie et trésorier en 1755. En 1757, il obtint un logement au Louvre et reçut du roi une pension de 1200 livres. Il mourut à Paris en 1779.

Dimanche 25 Septemb.

S. Firmin évêque et conf.

—

1683. — NAISSANCE DE MÉZERAY.

Mézeray naquit en 1610 à Ry en Basse Normandie. Il fit ses études à Caen et vint ensuite à Paris où il se livra à la poésie qu'il quitta bientôt pour s'adonner à l'étude de l'histoire. Il écrivit une histoire de France qu'il publia en 1651. Le roi, pour le récompenser lui donna une pension de 4000 livres. Son traité de l'origine des Français le fit nommé secrétaire perpétuel de l'Académie française. Il mourut en 1683 laissant plusieurs ouvrages remarquables. Ses œuvres sont : L'histoire des Turcs depuis 1612 jusqu'en 1649 et un Traité intitulé les Vanités de la Cour.

Lundi 26 Septembre.

S. Cyprien et Ste Justine, martyrs.

—

1696. — MORT DE Mme DE SÉVIGNÉ.

Marie de Rabutin, marquise de Sévigné, naquit en 1626. Elle excella dans le style épistolaire. On a d'elle plusieurs volumes de lettres dont un grand nombre sont de véritables chefs-d'œuvre.

Madame de Sévigné mourut en 1696.

Mardi 27 Septembre.

SS. Côme et Damien, mart.

—

1736. — MORT DE DUGUAY-TROUIN.

Duguay-Trouin naquit à Saint-Malo en 1673. Il se distingua de bonne heure par sa bravoure et son intrépidité. Louis XIV l'anoblit, le fit lieutenant général des armées navales, commandeur de l'Ordre de Saint-Louis et le gratifia d'une pension de 2000 livres. Il prit Rio-Janeiro et commanda les escadres envoyées contre Alger et Tunis.

Mercredi 28 Septembre

Saint Vinceslas, martyr.

—

1712 — MORT DE MASSILLON.

Jean-Baptiste Massillon naquit en Provence en 1663. Après avoir fait de brillantes études, il entra chez les pères de l'Oratoire et s'acquit rapidement une grande célébrité par la prédication. Sa réputation le fit appeler à Paris où il prêcha souvent devant le roi. Nommé à l'évêché de Clermont en 1717, il fut reçu à l'académie française en 1719, et mourut en 1742.

Ses principaux ouvrages sont : le Petit Carême, des oraisons funèbres, des discours et des panégyriques.

Jeudi 29 Septembre.

Saint Michel-Archange.

—

1612. — ÉTABLISSEMENT DE L'HOPITAL DE LA PITIÉ.

Cet hôpital fut ouvert en 1612. Il contenait des malades, des orphelins et des infirmes. Les enfants qui étaient dans cette maison apprenaient à lire et à écrire, et faisaient l'apprentissage d'un métier.

Vendredi 30 Septembre

S. Jérôme, conf. et doct.

—

1580. — LE CLERGÉ ASSEMBLÉ A MELUN CONSENT A PAYER RÉGULIÈREMENT LE DÉCIME AU ROI.

Le clergé ne payait pas la taille, mais il contribuait aux charges de l'Etat au moyen des décimes et des dons gratuits. Au commencement de la monarchie, les ecclésiastiques payèrent des impôts. Sous les premiers rois de la seconde race on préleva sur eux les sommes nécessaires à l'entretien des ponts et des routes, et le reste du temps ils firent des dons volontaires.

En 1147, on fit sur le clergé une levée extraordinaire pour subvenir aux frais de la première croisade. En 1204, Philippe-Auguste lui demanda 1/20 de son revenu. Saint-Louis exigea de lui treize subventions en vingt ans et Philippe-le-Bel vingt-et-un en vingt-huit ans. Il fut encore imposé pour subvenir aux frais d'un grand nombre de guerres et Philippe de Valois fit appel aux détenteurs de biens ecclésiastiques dans tous les besoins pressants de l'Etat. Sous François Ier, la levée des décimes devint régulière, chaque bénéfice était taxé. Henri II créa des receveurs de décimes en 1557.

En 1580, le décime devint une levée ordinaire, et le clergé paya encore en sus un don gratuit.

Samedi 1er Octobre.

S. Rémy, évêque et conf.

—

1699. — ORGANISATION D'UN CORPS DE SAPEURS-POMPIERS A PARIS.

Avant l'organisation de ce corps, le service des incendies était fait par les capucins. Ces religieux se rendaient à la première alarme sur les lieux des sinistres et munis de seaux d'eau s'efforçaient d'éteindre les flammes. En 1699, on commença à faire usage des pompes. On en fit construire treize et l'on créa un corps composé d'ouvriers charpentiers, maçons, couvreurs etc., pour les faire manœuvrer.

En 1722, il y avait trente pompes à Paris, remisées dans les différents quartiers de la ville, et auprès desquelles se trouvaient des gardiens prêts à partir au premier signal.

Dimanche 2 Octobre.

SS. Anges gardiens.

—

1569. — FONDATION DU COLLÈGE DES GRASSINS.

Pierre Grassin, conseiller au Parlement, légua à sa mort 3000 livres pour la construction et la dotation d'un collège destiné à recevoir des écoliers sans fortune du diocèse de Sens.

Ce collège subsistait encore au XVIIIe siècle.

Lundi 3 Octobre.

S. Rosaire de la B. V. Marie.

—

1638. — ÉTABLISSEMENT DE L'HOPITAL DES FILLES DE SAINT JOSEPH.

Cet hôpital recevait des orphelines qu'on élevait gratuitement et auxquelles on apprenait un état. Madame de Montespan devint leur bienfaitrice et leur fit bâtir une nouvelle maison en 1684.

Mardi 4 Octobre.

S. François d'Assise, conf.

—

1226. — MORT DE SAINT FRANÇOIS D'ASSISE, FONDATEUR DE L'ORDRE DES FRANCISCAINS.

Saint François d'Assise, fondateur de l'ordre des Frères Mineurs ou franciscains, naquit à Assise dans l'Ombrie en 1182. Après avoir passé les premières années de sa vie dans le commerce, il renonça à ses biens et commença à faire profession de la pauvreté évangélique. Un grand nombre de disciples se joignirent à lui et il leur donna une règle qui fut approuvée en 1215 par le concile de Latran.

Les franciscains s'adonnaient à la prédication, faisaient des missions et s'occupaient d'œuvres charitables.

Saint Antoine de Padoue, saint Bonaventure, Jean Scot, Sixte-Quint, sont les hommes les plus remarquables de l'ordre des franciscains.

Mercredi 5 Octobre.

S. Placide et ses comp. m.

—

1562. — INSTALLATION DE L'UNIVERSITÉ DE DOUAY.

Cette Université fut installée par Philippe II, roi d'Espagne à la prière du pape Pie IV, que son amour pour les lettres avait fait surnommer le protecteur des muses,

Dans cette Université fut instituée la confrérie des clercs parisiens, le banc poétique du seigneur de Quincy, les conférences littéraires de Michel d'Esne qui étaient autant d'associations destinées à développer le goût de la littérature chez les étudiants.

Jeudi 6 Octobre.

Saint Bruno, confesseur.

—

1603. — MORT DE VIÈTE.

Viète fut l'un des plus grands mathématiciens français du XVIe siècle.

Il fit d'importants travaux sur l'algèbre et la géométrie. Viète publia encore la correction du calendrier grégorien.

Il mourut en 1603.

Vendredi 7 Octobre.

S. Bernardin de Sienne, confesseur.

—

1233 — LE PAPE GRÉGOIRE IX CONFIRME LA FONDATION DE L'UNIVERSITÉ DE TOULOUSE.

Cette Université fondée par saint Louis, fut une des plus célèbres du royaume et obtint de bonne heure à cause de son éclat les mêmes privilèges que l'Université de Paris. Elle fut très fréquentée, sous Louis XII, elle comptait plus de 10,000 étudiants.

Samedi 8 Octobre.

Ste Brigitte, veuve.

—

1571. — LES BESTIAUX ET LES INSTRUMENTS DE LABOUR SONT DÉCLARÉS INSAISISSABLES.

Voici les principales mesures adoptées depuis Charles IX jusqu'à la Révolution, pour favoriser l'essor de l'agriculture.

Charles IX déclare les instruments aratoires insaisissables. Henri IV affranchit les laboureurs de la contrainte par corps. Louis XIV défendit de saisir et de vendre les bestiaux des cultivateurs pour le payement des tailles.

Louis XV exempta de toute taille ou imposition pendant dix ans tous les propriétaires qui défrichaient des terres incultes

Dimanche 9 Octobre.

S. Denis et ses comp. m.

—

1688. — MORT DE CLAUDE PERRAULT.

Claude Perrault naquit à Paris. Il abandonna la médecine pour s'adonner à l'architecture où il s'acquit une réputation universelle. La grande façade du Louvre, l'Observatoire furent élevés sur ses dessins. Il s'appliqua aussi à l'étude de la physique et de l'histoire naturelle, devint membre de l'académie des sciences, et mourut à Paris en 1688.

Lundi 10 Octobre.

S. François de Borgia, confesseur.

—

1624. — NAISSANCE DE VARILLAS.

Antoine Varillas naquit à Guéret en 1624, Il vint à Paris où il se livra tout entier à l'étude de l'histoire, Il devint historiographe de Gaston de France, duc d'Orléans, et obtint une pension de 1200 livres, Il mourut à Paris en 1696. On a de lui une histoire de France et une histoire des hérésies.

Mardi 11 Octobre.

S. Nicaise et ses comp. m.

—

FONDATION DE L'HOPITAL DU NOM DE JÉSUS.

Cet hôpital fut fondé par saint Vincent de Paul pour les vieillards pauvres. Cette maison était sous la direction des prêtres de la mission et le service était fait par les sœurs de charité.

Mercredi 12 Octobre.

S. Wilfrid, évêque et conf.

—

1213. — DÉCRET DU CONCILE DE LATRAN CONTRE LE JUGEMENT DE LA CROIX.

Quand un individu était accusé, on le conduisait à la messe et on le condamnait à rester les bras en croix tout le temps de l'office. Celui qui résistait à cette épreuve était déclaré innocent. Le concile de Constance se prononça énergiquement contre ce moyen de conviction et cette coutume disparut rapidement.

1461. — LETTRES PATENTES EN FAVEUR DE L'UNIVERSITÉ DE VALENCE.

Cette université fut fondée par Louis XI en 1442 alors qu'il n'était encore que Dauphin.

Le célèbre Cujas fut professeur à l'Université de Valence.

Jeudi 13 Octobre.

S. Édouard, roi et conf.

—

1715. — MORT DE MALEBRANCHE.

Malebranche naquit à Paris en 1638. Il entra chez les Pères de l'Oratoire en 1660, et après s'être adonné quelque temps aux langues et à l'histoire, il se livra tout entier à l'étude de la philosophie et des mathématiques. Il écrivit un traité de la recherche de la Vérité, un livre sur la Nature et la Grâce, des entretiens sur la métaphysique et la religion, publia des réflexions sur la lumière et les couleurs et les notions de la physique. Il mourut en 1715, il faisait partie de l'académie des sciences depuis 1699.

Vendredi 14 Octobre.

S. Calixte, pape et martyr.

—

1701. — IMPÔT SUR LES CARTES.

Colbert chercha constamment à augmenter les revenus de l'État tout en diminuant les tailles. Dans ce but, il mit des taxes sur le café, le tabac, les cartes, etc. et des impôts indirects (aides) sur les consommations. La taille qui était de 52 millions avant lui fut abaissée à 32 sous son ministère.

Samedi 15 Octobre.

Sainte Thérèse, vierge.

—

1685. — COMMENCEMENT DES TRAVAUX DU PONT ROYAL A PARIS.

Le dessin de ce pont fut donné par Mansard et les travaux furent conduits par François Romain, religieux de l'ordre de Saint-Dominique.

Il y avait déjà à cette époque neuf ponts sur la Seine. Les principaux étaient le Pont-au-Change, le Pont-Neuf, le Pont-de-la-Tournelle, le Pont-Marie.

Dimanche 16 Octobre.

Pureté de N.-D. S.-Gal.

—

1411. — FONDATION DU COLLÈGE DE LISIEUX A PARIS.

En 1414, Guillaume d'Estouteville alors évêque de Lisieux, acheta plusieurs maisons sur la montagne Sainte-Geneviève et établit un collège pour l'enseignement des lettres et de la philosophie dans lequel il réserva un certain nombre de bourses pour des écoliers pauvres du diocèse de Lisieux.

Ce collège fut réuni plus tard à celui de Beauvais.

Lundi 17 Octobre.

Ste Edwige, veuve.

—

1289. — FONDATION DE LA MAISON DES PAUVRES ÉCOLIERS.

Cette maison doit sa fondation à Jean de Cholet, évêque de Beauvais. Ce prélat laissa par son testament un leg de six mille livres pour des écoliers sans fortune. Les jeunes gens étaient entretenus gratuitement dans ce collège tout le temps de leurs études.

Mardi 18 Octobre.

Saint Luc, évangéliste.

—

1630. — LES JÉSUITES FONDENT UN NOUVEAU COLLÈGE A LYON.

L'enseignement des jésuites eut un tel succès à Lyon, que toutes les familles de la ville et des environs voulaient leur confier l'éducation de leurs enfants. Les Jésuites pour satisfaire aux demandes de la population durent établir un second collège dans cette ville en 1630.

Mercredi 19 Octobre.

Saint Pierre d'Alcantara.

—

1684. — NAISSANCE DE VAN LOO.

Jean-Baptiste Van Loo naquit à Aix en 1684. Il s'acquit une grande réputation par ses talents; il excellait surtout à peindre les portraits. Il fut en grande estime à la cour et mourut à Aix en 1745.

Jeudi 20 Octobre.

S. Jean Kanty, confesseur.

—

1767. — ÉTABLISSEMENT D'UNE ÉCOLE ROYALE DE DESSIN A PARIS.

On enseignait gratuitement le dessin dans cette école, cet établissement subsiste encore à Paris, rue de l'école de médecine.

1617. — NAISSANCE DU PRÉSIDENT LAMOIGNON.

Guillaume de Lamoignon naquit à Paris en 1617, d'une famille noble et ancienne. Il fut conseiller au Parlement en 1635, Maître des requêtes en 1644 et premier président en 1658. Il s'acquit une réputation universelle par sa science, son intégrité et son éloquence. Il eut une grande part à la rédaction des ordonnances de 1667. Il mourut à Paris, en 1670. Son oraison funèbre fut prononcée par Fléchier.

posèrent quelquefois dans l'ancienne France une noble résistance aux prétentions du pouvoir, et le peuple trouva toujours dans ces magistrats de puissants protecteurs.

(Consulter sur cette question Isambert, Recueil des lois générales, et Pastoret).

Vendredi 21 Octobre

Ste Ursule et ses comp. vierges et mart.

—

1467. — CONFIRMATION DE L'INAMOVIBILITÉ DE LA MAGISTRATURE PAR LOUIS XI.

Le principe de l'inamovibilité de la magistrature a toujours été regardé comme la condition indispensable d'une bonne justice et fut admis de bonne heure en France. D'après Isambert, on le trouve formulé dans un capitulaire de Charles le Chauve qui date de 814.

Louis XI, après y avoir porté quelquefois atteinte, fut obligé de le consacrer formellement.

« Plusieurs officiers, dit-il, doutant cheoir au dicte inconvénient de mutation et destitution n'ont pas tel zèle et ferveur à notre service qu'ils auraient se n'estait le dicte doute..... Statuons que nous ne donnerons aucun de nos offices s'il n'est vaquant par mort ou par résignation ou par forfaiture préalablement jugée. »

Dans ses instructions à son fils, il lui recommanda d'entretenir les officiers de juridicature et autres dans leurs charges à moins qu'ils ne se rendissent coupables de quelque faute grave et que « bonne et due déclaration en soit faite par justice, ainsi qu'en tel cas appartient ».

Les parlements, grâce à l'indépendance que leur donnait l'inamovibilité, op-

Samedi 22 Octobre.

Saint Valère, abbé.

—

1613. — MORT DE MATHURIN RÉGNIER.

Mathurin Régnier naquit à Chartres en 1573. Il fut quelque temps chanoine de la cathédrale et s'acquit une grande réputation par ses poésies. C'est lui qui fit le premier des satyres en vers français. Il mourut à Rome en 1613, laissant plusieurs satyres et d'autres poésies très remarquables.

Dimanche 23 Octobre.

Patronage de N.-D.

—

1665. — ÉTABLISSEMENT D'UNE MANUFACTURE DE GLACES A PARIS.

Cet établissement fut fondé sur le modèle des manufactures de Venise. On attira à Paris quantité d'ouvriers vénitiens.

Louis XIV donna des sommes importantes pour faire prospérer cette industrie, et au bout de quelques années on obtint des glaces d'une grandeur et d'une beauté supérieures à celles de Venise même.

1318 — PROHIBITION DES TOURNOIS.

Les tournois étaient des jeux guerriers à l'issu desquels on décernait un prix au vainqueur.

Ils avaient lieu en présence des dames. On en attribue l'invention à Geoffroy de Preuilly, mais il est probable qu'ils étaient établis bien avant lui et qu'il ne fit que tracer les règles de ces combats. Les tournois entraînaient à des dépenses énormes, et ruinèrent plusieurs seigneurs. Ils furent défendus en 1318, mais ils continuèrent jusqu'en 1559, époque où Henri II trouva la mort dans un de ces jeux.

Lundi 24 Octobre.

Saint Raphaël, archange.

—

1655. — MORT DE GASSENDI.

Gassendi naquit en Provence en 1592. Il fut un des plus éminents professeurs du collège royal de Paris. Gassendi fut à la fois mathématicien, philosophe et helléniste. Il mourut à Paris en 1655.

Ses principaux ouvrages sont : un Traité de Philosophie, les Œuvres astronomiques, des épîtres et autres ouvrages.

Mardi 25 Octobre.

SS. Crespin et Crespinien martyrs.

—

1270. — PUBLICATION DES ÉTABLISSEMENTS DE SAINT LOUIS.

On entendait par établissements de Saint-Louis un code composé de lois romaines, de canons, de décrétales, de coutumes du royaume et d'ordonnances royales. Ce code était divisé en 168 articles.

Mercredi 26 Octobre.

Saint Évariste, martyr.

—

1701. — ÉTABLISSEMENT DES JÉSUITES A SAINT-DOMINGUE.

Les Jésuites ne furent pas seulement de grands savants et d'habiles professeurs ; ils furent encore d'intrépides missionnaires et de grands civilisateurs. Ils s'établirent en Amérique, en Afrique, dans l'Inde, dans nos colonies et tout en évangélisant les peuples et en adoucissant leurs mœurs, ouvrirent à notre commerce d'immenses débouchés.

« Pesez, dit un des génies de ce siècle, la masse du bien que les Jésuites ont fait, rappelez-vous les royaumes entiers qu'ils ont conquis à notre commerce par leur habileté, leur sueur et leur sang ; repassez dans votre mémoire les miracles de leurs missions et vous verrez que le peu de mal dont on les accuse ne balance pas un moment les services qu'ils ont rendus à la société. »

Jeudi 27 Octobre.

Saint Vincent, martyr.

—

1323. — MORT DE LOUIS DE SACY.

Louis de Sacy fut un des avocats les plus remarquables du Parlement de Paris, il faisait partie de l'Académie française et mourut en 1727. On a de lui une excellente traduction des lettres de Pline le jeune, un traité de l'amitié, un traité de la gloire.

Vendredi 28 Octobre.

SS. Simon et Jude, apôt.

—

1647. — MORT DE STELLA.

Jacques Stella naquit à Lyon en 1596. Après avoir étudié le dessin, il alla en Italie, où il fit des ouvrages de peinture, de gravure et de dessin très estimés. De retour en France, le cardinal de Richelieu le présenta au roi qui lui donna une pension de 1000 livres avec un logement au Louvre. Stella mourut à Paris en 1647.

Samedi 29 Octobre.

Sainte Ménéhould, vierge.

—

1662. — ANOBLISSEMENT DE LE BRUN.

Depuis Saint Louis presque tous les hommes qui se distinguèrent par un mérite supérieur furent anoblis. A l'exemple de l'église qui appelait souvent aux plus hautes dignités des hommes sans naissance mais illustres par leur science et leur génie ; nos rois mirent au rang des nobles, des enfants d'artisans, des fils de marchands, etc.,' et leur donnèrent d'importantes fonctions dans l'État. Louis XIV anoblit presque tous les artistes qui avaient quelque célébrité

Dimanche 30 Octobre.

Saint Arsène, confesseur.

—

1513. — NAISSANCE D'AMYOT.

Amyot était fils d'un boucher de Melun. Il vint dans sa jeunesse à Paris et fut élevé comme boursier au collège du cardinal Lemoine. Il fut nommé professeur à l'université de Bourges où il enseigna le grec et le latin pendant dix ans, et fit sa traduction de Plutarque. François Ier lui donna en récompense l'abbaye de Bellozane. Il assista au concile de Trente en 1551 et à son retour d'Italie il fut nommé précepteur des enfants d'Henri II.

Charles IX, étant parvenu à la couronne, le nomma à l'évêché d'Auxerre. Henri III, qui avait été son élève, lui donna la charge de grand aumônier et le collier de l'ordre du Saint-Esprit

Amyot mourut le 6 février 1593.

Lundi 31 Octobre.

Saint Quentin, m. Vigile.

—

1759. — CRÉATION D'UNE BIBLIOTHÈQUE SPÉCIALE DE LÉGISLATION.

Cette Bibliothèque se composait de toutes les lois et de tous les règlements qu pouvaient intéresser les différentes administrations publiques.

Mardi 1er Novembre.

La Toussaint.

—

1331. — MORT DU PAPE JEAN XXII.

Jacques d'Ossa ou d'Euse, qui devint pape sous le nom de Jean XXII, naquit à Cahors d'une famille obscure. (Son père était cordonnier.) Il fit ses études dans cette ville et après avoir étudié le droit dans les plus célèbres universités de France et d'Italie, il devint secrétaire de Pierre, archevêque d'Arles et chancelier du comte de Provence. Nommé d'abord à l'évêché de Fréjus, le pape Clément V lui donna en 1310 l'archevêché d'Avignon et le fit cardinal deux ans après. Il devint pape en 1316 et canonisa saint Louis.

Il mourut en 1334 à l'âge de quatre-vingt-dix ans.

Mercredi 2 Novembre.

Commémoration des fidèles trépassés.

—

1603. — ÉTABLISSEMENT DES BARNABITES EN FRANCE.

La congrégation des Barnabites instituée à Milan par Barthélemy Ferrari et Jacques Marigia en 1530, approuvée par Paul III en 1533, fut appelée en France par Henri IV. La mission des prêtres de cette congrégation était de prêcher, d'enseigner, de diriger des séminaires, de faire des missions et de secourir les malheureux.

Jeudi 3 Novembre.

Saint Marcel, évêq. et conf.

—

1560. — FRANÇOIS, CARDINAL DE TOURNON, FONDE UNE UNIVERSITÉ A TOURNON.

En 1536, Just, baron de Tournon, fit construire un collège qui, en peu d'années prit une extension considérable. En 1558, il comptait 1200 élèves

Henri II, à la prière du cardinal de Tournon, érigea ce collège en université. Le cardinal confia la direction de cette nouvelle université aux Jésuites.

En mourant il fit don aux étudiants de sa bibliothèque qui était une des plus remarquables de l'époque.

1787. — FONDATION D'UNE COMPAGNIE D'ASSURANCE SUR LA VIE.

Ce fut la première compagnie d'assurance sur la vie qui fut établie en Erance. Jusqu'à cette époque, on n'avait connu que l'assurance maritime et l'assurance contre l'incendie.

Vendredi 4 Novembre.

S. Charles Borromée, évêq. et confesseur.

—

1269. — FONDATION DU COLLÈGE DU TRÉSORIER DE NOTRE-DAME.

Ce collège doit sa fondation à Jean de Saona, trésorier de l'église de Notre-Dame de Rouen. Il y avait dans cet établissement 24 bourses pour des écoliers sans fortune. Quelques années auparavant avait été établi près de la cathédrale de Paris le collège des Dix-huit où étaient logés et entretenus dix-huit étudiants pauvres.

Samedi 5 Novembre.

S. Eustache et ses comp. m.

—

1368. — PRIVILÈGES ACCORDÉS A DIFFÉRENTES INDUSTRIES UTILES AUX ÉTUDIANTS.

Les libraires, écrivains et parcheminiers de l'université de Paris sont exemptés du guet. Ils doivent cette faveur aux services qu'ils rendent aux corps savants.

1595. — LES LIBRAIRES DE L'UNIVERSITÉ DE PARIS SONT EXEMPTÉS DU DROIT SUR LE PAPIER BLANC.

Dimanche 6 Novembre.

Saint Léonard, solitaire.

—

1640. — FONDATION DE L'UNIVERSITÉ DE RICHELIEU.

Cette université fut établie par Louis XIII. Elle dura peu et fut fermée quelques années après sa fondation.

1786. — SUPPRESSION DE LA CORVÉE.

Louis XVI remplaça la corvée par un impôt que payaient les propriétaires.

Lundi 7 Novembre.

Saintes Reliques.

—

1471. — FONDATION DE L'HOPITAL SAINT-ANASTASE.

Cet hôpital fondé dans le quartier Saint-Gervais par Guérin Macon et son fils, bourgeois de Paris, fut transféré en 1767 rue Vieille-du-Temple dans l'hôtel de François d'O. Il était desservi par les Augustines.

Cet hôpital ne recevait qu'exceptionnellement des malades, il servait depuis son établissement d'asile aux pauvres et aux ouvriers sans travail. Ceux qui se réfugiaient dans cette maison étaient nourris et logés jusqu'à ce qu'ils aient trouvé un emploi.

Mardi 8 Novembre.

Saint Godefroy, confesseur.

—

1603. — NAISSANCE DE HENRI DE VALOIS.

Henri de Valois naquit à Paris en 1603, d'une famille noble, originaire de Normandie. Après avoir achevé ses cours d'Humanités et de Philosophie avec distinction, il alla étudier le Droit à l'université de Bourges, et se fit recevoir avocat au Parlement de Paris. Il se livra tout entier à l'étude des auteurs anciens, et s'acquit une réputation universelle. En 1633, Henri de Mesmes lui donna une pension de 2000 livres, dont il jouit jusqu'à la mort de ce président. Le cardinal de Mazarin lui en donna une de 1500 livres. En 1660, le roi l'honora de la qualité d'Historiographe de France avec 2000 livres d'appointements Il mourut en 1676

Mercredi 9 Novembre.

S. Mathurin, conf.

—

1607. — NAISSANCE DE MADEMOISELLE DE SCUDÉRI.

Madeleine de Scudéri naquit au Hâvre en 1607. Ses romans et ses autres écrits lui acquirent une si grande réputation qu'elle fut surnommée la Sapho de son siècle. Son Discours à la gloire lui valut le prix d'éloquence à l'Académie française en 1671. Le cardinal Mazarin, le chancelier Boucherat, lui servirent chacun une pension, et le roi, en 1683, lui en donna une autre de 2000 livres. Mademoiselle de Scuderi faisait partie de plusieurs académies. Elle mourut à Paris en 1701, laissant des ouvrages très remarquables.

Jeudi 10 Novembre.

S. André Avellin, conf.

—

1370. — FONDATION DU COLLÈGE SAINT-JEAN DE BEAUVAIS.

Ce collège doit sa fondation au cardinal Jean d Dormans, évêque de Beauvais et chancelier de France. Ce prélat fit construire les bâtiments de cet établissement à ses frais et entretint d'abord douze boursiers choisis dans la paroisse de Dormans. En 1371, il fonda cinq nouvelles bourses ; en 1374, il en ajouta sept en faveur des écoliers pauvres du diocèse de Reims.

Vendredi 11 Novembre.

S. Martin de Tours, évêq. et confesseur.

—

1563. — CRÉATION DE JUGES CONSULS A PARIS.

L'institution des juges-consuls existe de nos jours sous le nom de Tribunal de commerce.

Ces magistrats étaient chargés de juger les contestations relatives au commerce. Ils étaient élus par les plus notables marchands.

Samedi 12 Novembre.

Saint René, confesseur.

—

1657. — NAISSANCE DE TRUCHET.

Jean Truchet fut un des plus célèbres mathématiciens de son temps et est spécialement connu sous le nom de Père Sébastien. Il naquit à Lyon en 1657. Après avoir fait ses lettres, il entra dans l'Ordre des Carmes et fut envoyé à Paris pour y étudier la philosophie et la théologie ; mais il se livra tout entier à l'étude de la mécanique. Colbert lui fit donner une pension par le roi.

La réputation du Père Sébastien se répandit dans toute l'Europe. Il eut part à un grand nombre d'inventions. Il reçut la visite du duc de Lorraine, de Pierre-le Grand et enrichit les manufactures de plusieurs machines utiles. Il mourut à Paris en 1729.

Dimanche 13 Novemb.

Dédicace des églises en France.

—

1750. — CRÉATION D'UNE NOBLESSE MILITAIRE.

Henri III accorda les privilèges de la noblesse aux officiers qui servaient pendant 10 années consécutives dans l'armée. Henri IV modifia les dispositions de cet édit, et exigea pour mériter cette faveur 20 années de grade de capitaine ou de lieutenant.

Cette noblesse était personnelle ; elle devenait héréditaire dans les familles de ceux qui pendant trois générations consécutives avaient porté les armes de père en fils. Louis XV anoblit tous ceux qui s'étaient illustrés dans les combats ainsi que tous les généraux qui n'étaient pas encore nobles, et exempta tous les officiers de la taille pendant la durée de leur présence sous les drapeaux.

Lundi 14 Novembre.

S. Paul de la Croix, conf.

—

1676. — ÉTABLISSEMENT D'ACADÉMIES DE PEINTURE ET DE SCULPTURE DANS LES PRINCIPALES VILLES DU ROYAUME.

Ces académies furent établies à Bordeaux, à Pau, à Amiens, à Toulouse à Metz.

Mardi 15 Novembre.

Sainte Eugénie.

—

1666. — EXEMPTION DE LA TAILLE EN FAVEUR DE CERTAINES PERSONNES.

Louis XIV, sur les conseils de Colbert, exempta de la taille pendant cinq ans ceux qui se mariaient à vingt ans, et accorda le même privilège, mais perpétuel, à ceux qui avaient dix enfants.

Mercredi 16 Novembre.

Sainte Gertrude, vierge.

—

1605. — ÉTABLISSEMENT DANS TOUS LES DIOCÈSES D'UNE PÉPINIÈRE DE MURIERS POUR ÉLEVER LES VERS A SOIE.

L'industrie de la soie était très florissante en France. Sous Henri IV, on comptait rien qu'à Tours trois mille métiers à soie et l'on exportait pour six millions de soieries par an.

Jeudi 17 Novembre.

Saint Aignan, confesseur.

—

1717. — MORT DE SANTERRE.

Jean-Baptiste Santerre naquit à Magny en 1657. Il fut reçu à l'académie royale de peinture en 1704 et mourut à Paris en 1717. Ses tableaux les plus remarquables sont . *la Liseuse, la Dessineuse à la chandelle, la Voilée, la Coupeuse de choux, la Tireuse de rideaux, la Chanteuse, la Pèlerine, les Curieuses et Adam et Eve*

Vendredi 18 Novembre

Dédicace aes Basiliques de SS Pierre, Paul.

—

1231. — ORDONNANCE CONCERNANT LES AVOCATS.

Les avocats devaient prêter serment sur l'Évangile de ne soutenir que des causes justes et de ne demander des honoraires qu'en proportion de leur mérite et de la difficulté du procès

Samedi 19 Novembre.

Sainte Élisabeth, veuve.

—

1546. — ORDONNANCE CONTRE LES SERVITEURS ET PAGES DES PRINCES QUI QUITTENT LES HOTELLERIES SANS PAYER.

Il arriva quelquefois que, pendant les voyages des princes et des seigneurs, leurs serviteurs et leurs pages se firent héberger dans les hôtelleries et partirent précipitamment sans payer. Les hôteliers s'étaient plaints de ce procédé peu délicat, François Ier ordonna, qu'à l'avenir, tout page qui quitterait une hôtellerie sans payer ce qu'il devait, serait fustigé, marqué au fer et envoyé aux galères.

Dimanche 20 Novemb.

S. Félix de Valois, conf.

—

1212. — GUILLAUME RICHARD FONDE LE VAL DES ÉCOLIERS

Le Val des écoliers était une abbaye située aux environs de Langres, que Guillaume Richard et quelques docteurs de l'université de Paris avaient fondée pour donner asile à tous ceux qui désiraient passer leur vie dans l'étude et la pratique de la religion. Un grand nombre d'écoliers de toutes les universités se retiraient annuellement dans cette maison. En 1240, cette abbaye avait vingt succursales en France.

Lundi 21 Novembre.

Présentation de N.-D. au Temple.

—

1778. — ÉTABLISSEMENT D'UNE MAISON DE SOURDS-MUETS.

L'abbé de l'Épée fut le premier directeur de cette institution. Plusieurs moines s'étaient autrefois consacrés avec des succès divers à l'éducation de ces enfants.

1629. — DÉFENSE DE FONDER AUCUN ÉTABLISSEMENT MONASTIQUE SANS LA PERMISSION DU ROI.

Les vœux solennels n'engageaient pas seulement la conscience, il produisaient encore vis-à-vis de la loi plusieurs effets considérables. Le religieux, dès qu'il les avaient prononcés, se trouvait frappé d'une espèce de mort civile. Sa succession s'ouvrait immédiatement, son testament recevait son exécution, il devenait incapable de succéder, de tester, de servir de témoin daus les actes.

Il était naturel que l'État qui sanctionnait ainsi les vœux faits par les religieux ne laissât pas de fonder des établissements monastiques sans sa permission.

Les motifs de l'autorisation préalable n'ont plus raison d'être depuis que les vœux n'engagent plus que la conscience de ceux qui les prononcent.

Mardi 22 Novembre.

Sainte Cécile, vierge et m.

—

1257. — ÉTABLISSEMENT DES CHARTREUX A PARIS.

L'Ordre des Chartreux fut fondé en 1086 dans le Dauphiné, par saint Bruno, l'un des plus éminents docteurs en théologie de son temps. Ces religieux se consacraient à la prière, à la méditation et à l'étude. Ils furent attirés à Paris par saint Louis qui leur donna pour couvent le palais du roi Robert Ier.

La règle de saint Bruno a été exactement observée par les Chartreux, et il n'y a jamais eu aucune réforme dans cet Ordre depuis sept cents ans qu'il existe.

Mercredi 23 Novembre.

S. Clément, pape et mart.

—

1667. — ÉTABLISSEMENT DE LA MANUFACTURE DES GOBELINS.

Cette manufacture occupait huit cents ouvriers qui travaillaient sous la direction des principaux artistes de l'époque à reproduire en tapisserie les chefs-d'œuvre de la peinture.

Un acte de vandalisme de la convention a empêché les plus belles pièces de parvenir jusqu'à nous. En 1793, elle fit brûler publiquement en présence de deux députés toutes les tapisseries représentant des sujets religieux, ou ayant comme ornement des fleurs de lys.

Jeudi 24 Novembre.

S. Jean de la Croix, conf.

—

1414. — CONDAMNATION DE L'ASSASSINAT POLITIQUE.

Jean, duc de Bourgogne, ayant assassiné Louis de France, duc d'Orléans, Jean Petit, célèbre docteur de l'université de Paris, soutint publiquement : « Qu'il était permis et même méritoire à tout vassal et sujet de tuer un tyran, par embûches, par flatteries ou adulation, nonobstant toute promesse et confédération jurées avec lui et sans attendre la sentence d'aucun juge. » — Gérard de Montaigu, évêque de Paris, dans une assemblée du clergé, condamna cette proposition et fit brûler le livre de Jean Petit par le bourreau sur la place du parvis Notre-Dame

Vendredi 25 Novembre

Ste Catherine, vierge et m.

1669. — CRÉATION DE L'OFFICE DE GRAND MAITRE DE LA GARDE-ROBE.

Le grand maître de la garde-robe était un personnage chargé de prendre soin des vêtements du roi et de faire faire ses habits ordinaires. Quand le roi s'habillait, le grand maître l'aidait à endosser certains vêtements, quand le roi se déshabillait, il l'aidait à mettre ses effets de nuit, et prenait en même temps ses ordres pour sa toilette du lendemain. Il y avait pour le service de la garde-robe quatre premiers valets, un porte-malles, quatre garçons, trois tailleurs, un empeseur et deux blanchisseurs.

1230. — MORT DU CONNÉTABLE DE MONTMORENCY.

Mathieu de Montmorency fut un des plus grands capitaines du XIIIe siècle. Il accompagna en 1203 en qualité de chevalier, le roi Philippe-Auguste, au siège du château Gaillard, où il se signala par son courage. En 1214, il contribua au succès de la bataille de Bouvines et fut vainqueur, l'année suivante, des Albigeois. Le roi le récompensa de ses services en le nommant connétable de France et l'employa dans les affaires les plus importantes.

Samedi 26 Novembre.

Sainte Delphine, veuve.

1409. — FONDATION DE L'UNIVERSITÉ D'AIX.

Cette université doit sa fondation au pape Alexandre V. L'archevêque d'Aix était son chancelier et le conservateur de ses privilèges apostoliques. Elle fut comblée de nombreuses libéralités par Henri IV et par Louis XIII, en récompense du rang honorable qu'elle avait conquis parmi les autres universités du royaume.

Dimanche 27 Novemb.

Premier Dimanche de l'Avent. Saint Séverin.

—

1627. — NAISSANCE DE BOSSUET.

Jacques-Bénigne Bossuet naquit à Dijon en 1627, d'une famille noble et ancienne. Il vint à Paris en 1642. où il fit ses études au collège de Navarre. En 1652, il fut reçu docteur en Sorbonne. Après avoir été prédicateur du roi ; il devint précepteur du Dauphin et evêque de Condom, puis évêque de Meaux en 1681 et conseiller d'Etat en 1497. En 1671 il avait été reçu de l'Académie française et les docteurs du collège de Navarre l'avaient choisi pour être leur supérieur.

Bossuet fut un des plus célèbres défenseurs de la foi catholique. Il mourut à Paris en 1704, laissant un grand nombre d'ouvrages qui sont autant de chefs-d'œuvre. Les principaux sont : *Ses Oraisons funèbres, son Discours sur l'Histoire universelle, l'Exposition de la doctrine de l'Eglise catholique sur les matières de controverse, l'Histoire des variations de l'Eglise protestante.*

Lundi 28 Novembre.

Saint Conrad, confesseur.

—

595. — MORT DE GRÉGOIRE DE TOURS.

Grégoire de Tours naquit en Auvergne en 539, d'une famille sénatoriale. Il fut élevé par son oncle Gallus, évêque de Clermont. Il se distingua par sa science et sa vertu, et fut nommé évêque de Tours en 573. Il assista au concile de Paris an 577, fit un voyage à Rome où il se lia avec Grégoire-le-Grand, et mourut à Tours en 595. Ses principaux ouvrages sont : L'Histoire de France, la Vie des Saints, etc.

Mardi 29 Novembre.

Saint Saturnin, martyr.

—

1634. — FONDATION D'UN HOPITAL D'INCURABLES A PARIS.

Cet hôpital fut fondé par le cardinal de la Rochefoucauld. Les malades étaient soignés gratuitement dans cette maison.

Mercredi 30 Novembre.

Saint André, apôtre.

—

1625. — NAISSANCE DE DOMAT.

Domat naquit à Clermont d'une famille obscure et sans fortune. Il vint à Paris et fut élevé au collège des Jésuites. Il montra de grandes dispositions pour les lettres, la philosophie et les mathématiques. Il alla étudier le droit à l'université de Bourges et fut reçu docteur à l'âge de vingt ans. Après avoir rempli avec une intégrité remarquable différentes fonctions, il mourut à Paris en 1696. Louis XIV faisait servir à Domat une pension de 2000 livres. Le principal ouvrage de Domat est un Commentaire des lois civiles.

Jeudi 1er Décembre.

Saint Éloi, confesseur.

—

1495. — ANOBLISSEMENT DES MEMBRES DU CONSEIL MUNICIPAL DE LYON.

A partir de Charles VIII certaines fonctions anoblirent ceux qui en étaient investis. Telles furent celles de chancelier, de garde des sceaux, de conseiller d'État et plus tard de président du Parlement.

Le mandat de conseiller municipal anoblissait également dans certaines villes. On appelait la noblesse accordée à ces derniers, noblesse de la cloche, à cause de l'habitude qu'avaient tous les maires et les échevins de se réunir au son de la cloche.

Vendredi 2 Décembre.

Ste Bibiane, vierge et mart

—

1626. — ÉTABLISSEMENT D'UNE MANUFACTURE DE VERRERIE EN PICARDIE.

L'art de la verrerie était en grande considération dans l'ancienne France. Cette profession pouvait être exercée par des nobles, car elle ne dérogeait pas à la noblesse.

Samedi 3 Décembre.

S. François Xavier, conf.

—

1513. — LOI CONTRE LES HABITS D'OR ET D'ARGENT.

On trouve de nombreuses lois somptuaires dans l'ancienne France.

Dès le IXe siècle Charlemagne proscrivit l'usage des étoffes précieuses. Louis-le-Débonnaire, son fils, défendit aux ecclésiastiques et aux gens de guerre de porter des pierreries et des boucles d'or. Philippe-le-Bel ne voulut pas que ses sujets vécussent avec un luxe que leur fortune ne leur permettait pas de soutenir, et fit de minutieux règlements pour les maintenir dans une sage économie. Louis XI, Charles VIII, défendirent aux bourgeois d'avoir des vaisselles d'argent. François Ier, par son ordonnance de 1513, défendit aux princes et aux seigneurs de porter des draps d'or et d'argent. Henri IV se montra plus sévère que ses prédécesseurs et ne permit le luxe des pierreries et des étoffes recherchées qu'aux femmes de mauvaise vie.

Quelques tentatives furent encore faites sous Louis XIII et Louis XIV pour réprimer l'abus du luxe.

Dimanche 4 Décembre.

IIme Dimanche de l'Avent.
Sainte Barbe, v. et m.

—

1625. — NAISSANCE D'HERBELOT.

Barthélemy d'Herbelot naquit à Paris en 1625. Il s'adonna à l'étude des langues orientales. Il fit plusieurs voyages en Italie, où il s'acquit une grande réputation. Colbert, informé de son mérite, le rappela en France. Le roi lui donna une pension annuelle de 1,500 livres. Il devint professeur au Collège Royal, et mourut à Paris en 1695. On a de lui un ouvrage très remarquable connu sous le nom de Bibliothèque orientale.

Lundi 5 Décembre.

Saint Sabbas, confesseur.

—

1660. — MORT DU PEINTRE SARAZIN.

Sarazin naquit à Noyon. Il fut à la fois peintre et sculpteur. Après avoir séjourné longtemps à Rome, il revint à Paris où ses tableaux et ses statues lui acquirent une grande réputation.

Mardi 6 Décembre.

Saint Nicolas, confesseur.

—

1291. — ÉTIENNE BIENFAITE EST NOMMÉ MAITRE DES EAUX ET FORÊTS.

L'office de maître des eaux et forêts remonte à Philippe-Auguste. Jusqu'à ce prince il n'y avait eu que des gardes chargés de veiller le gibier dans les forêts royales.

Le maître des eaux et forêts avait au-dessous de lui des verdiers, des gruyers et de simples gardes forestiers.

La juridiction du maître des eaux et forêts était très étendue : il connaissait des délits forestiers commis dans les bois du roi ou des particuliers, des procès à raison des moulins et bâtiments sur rivière, des délits de pêche, de chasse etc. Ses décisions étaient portées en appel au Parlement.

Mercredi 7 Décembre.

S. Ambroise, évêq. et conf.

—

1730. — MORT DU PEINTRE DETROY.

François Detroy naquit à Toulouse en 1645. Après avoir été élève de différents maîtres et s'être acquis une grande réputation par ses portraits, il fut professeur et directeur de l'académie royale de peinture. Il peignit la famille royale, les grands de la cour et fut envoyé par Louis XIV en Bavière pour peindre madame la Dauphine. Il mourut en 1730.

Jeudi 8 Décembre.

Immaculée Conception de Notre-Dame.

—

1652. — MORT DE L'AVOCAT GÉNÉRAL TALON.

Talon est un des plus grands et des plus illustres magistrats du XVIIe siècle. Il se distingua également par sa probité, par ses talents et sa capacité dans les affaires et devint avocat général en 1631. Il mourut en 1652.

On a de lui différents mémoires.

Vendredi 9 Décembre.

Ste Valérie, vierge, et m.

—

1462 — ORDONNANCE DE LOUIS XI CONCERNANT LES VIANDES DE BOUCHERIE.

Louis XI, dans l'intérêt de la santé publique prescrit d'examiner soigneusement les animaux qui doivent être tués et de surveiller l'état de fraîcheur des viandes mises en vente.

Cette ordonnance fut strictement observée dans toutes les villes. Les maires et les échevins déléguèrent des commissaires pour vérifier les viandes de boucherie.

Samedi 10 Décembre.

Sainte Eulalie, v. et mart.

—

1589. — LE ROI DONNE DE NOUVEAUX STATUTS A LA CORPORATION DES BOUCHERS.

Les bouchers formaient une corporation dont l'accès était pour ainsi dire, interdit à ceux qui n'étaient pas d'une famille propriétaire d'un fonds de boucherie. L'établissement se transmettait de père en fils.

Cette communauté avait des officiers choisis dans son sein, chargés de régler les contestations qui s'élevaient entre bouchers.

En 1623 il y avait à Paris 28 boucheries. La plus ancienne était celle du parvis Notre-Dame.

Dimanche 11 Décemb.

IIIe Dimanche de l'Avent.
S. Damase, pape et conf.

—

1635. — MORT DU CHANCELIER ÉTIENNE D'ALIGRE.

Étienne d'Aligre ne dut son élévation qu'à son mérite. Il devint successivement conseiller au grand conseil, intendant de la maison de Charles de Bourbon, puis conseiller d'État. Louis XIII lui donna les sceaux en 1624, après la mort de Sillery.

Il se démit de cette fonction deux années après et mourut en 1635.

Lundi 12 Décembre.

Saint Ferdinand, conf.

—

1702. — IMPOT DE 300,000 LIVRES POUR L'ENTRETIEN ET LE NETTOYAGE DES RUES DE PARIS.

1611. — ÉTABLISSEMENT DES RELIGIEUSES URSULINES DANS PLUSIEURS VILLES DU ROYAUME.

L'Ordre des Ursulines fut fondé en Italie par Angèle de Brescia en 1537, et introduit en France par Mme de Sainte-Beuve, vers 1608. Ces religieuses se consacraient à l'instruction gratuite des jeunes filles pauvres. Elles leur apprenaient à lire et à écrire et leur faisaient faire l'apprentissage d'un métier qui les mettait à même de gagner leur vie. La France fut bientôt couverte de leurs maisons.

Les Ursulines au XVIIe siècle avaien 80 couvents en France.

Mardi 13 Décembre.

Sainte Lucie v. et martyre.

—

1313. — INSTALLATION DES CARMES, PLACE MAUBERT, A PARIS.

Les Carmes existaient depuis le IIe siècle en Syrie. Leur principal établissement dans ce pays était le Mont-Carmel. Ils furent introduits en France par saint Louis, en 1254.

Ces religieux se consacraient à la prédication, à la conversion des hérétiques à la visite des pauvres et à l'enseignement de la jeunesse. Ils faisaient partie de l'Université et avaient des collèges dans presque toutes les grandes villes.

Au XVIe siècle, l'Ordre des Carmes fut ramené à sa première austérité. 44 couvents de France adoptèrent la nouvelle réforme ; ce fut à partir de cette époque que parurent les Carmes déchaussés.

Mercredi 14 Décembre.

S. Nicaise et ses compagnons, martyrs.

—

1503. — NAISSANCE DE NOSTRADAMUS.

Michel Nostradamus naquit aux environs d'Avignon en 1503. Il étudia à l'université de Montpellier, puis à celles de Toulouse et de Bordeaux. De retour en Provence, il publia, en 1555, ses premières Centuries. On le présenta à Henri II, qui lui donna 200 écus d'or et l'envoya aux princes, ses fils. Le roi Charles IX lui témoigna beaucoup d'estime. Nostradamus publia ses trois dernières Centuries en 1558 et mourut en 1566.

Jeudi 15 Décembre.

Saint Irénée, martyr.

—

1738. — ORDONNANCE EN FAVEUR DES NÈGRES DES COLONIES.

Cette ordonnance permettait aux nègres de venir en France pour apprendre un métier et pour s'instruire dans la religion.

Vendredi 16 Décembre

St Eusèbe, év. et m. Q. T.

—

1588. — NAISSANCE DE CLAUDE BERNARD, FONDATEUR DU SÉMINAIRE DE TRENTE-TROIS.

Claude Bernard naquit à Dijon en 1588. Après avoir passé quelques temps dans le monde, il embrassa l'état ecclésiastique et s'adonna avec un zèle extraordinaire au soulagement de toutes les infortunes. Il fut surnommé le pauvre prêtre ou père Bernard et mourut en 1641. Sa dernière œuvre fut la fondation du séminaire des trente-trois.

Samedi 17 Décembre.

S. Lazare de Béthanie.
Quatre Temps.

1443. — INSTITUTION DE DEUX GRANDS MESSAGERS AUPRÈS DE L'UNIVERSITÉ D'ANGERS.

On donnait le nom de grand messager de l'Université à de notables bourgeois qui servaient de correspondants aux familles des écoliers. C'étaient à eux que les parents des étudiants envoyaient l'argent nécessaire au séjour de leurs fils dans les villes universitaires; c'étaient eux qui veillaient sur la conduite des jeunes gens et en rendaient compte aux familles.

Les grands messagers prêtaient quelquefois de l'argent au corps de l'Université même. Ces prêts étaient toujours faits sans intérêts.

En échange des services qu'ils rendaient ainsi au corps enseignant, ils jouissaient d'une partie des privilèges de l'Université

---

leur père.

Du Cange fut un des hommes les plus illustres qui sortirent de chez les Jésuites.

Dimanche 18 Décemb

IVe Dimanche de l'Avent.
Saint Gatien.

1700. — LE MARCHÉ DE POISSY TRANSFÉRÉ QUELQUE TEMPS A SCEAUX EST RÉTABLI DANS CETTE VILLE.

Le marché de Poissy, destiné à l'approvisionnement de Paris, était un des plus importants du royaume. Sous Louis XIV on y vendait par an 77,000 bœufs, 13,000 vaches, 42,000 veaux, 300,000 moutons. Ce marché avait une caisse de crédit qui facilitait aux marchands le commerce des bestiaux.

1610. — NAISSANCE DE DU CANGE.

Charles du Fresne, seigneur du Cange, naquit à Amiens en 1610. Il fit ses études chez les Jésuites de cette ville et vint à Paris faire son droit à l'Université. Après avoir été avocat, il acheta la charge de trésorier à Amiens. Il revint à Paris quelques années après et ne s'adonna plus qu'à la science. Il composa alors un glossaire de basse latinité, un glossaire grecque et l'histoire de Constantinople sous les empereurs français. Il annota l'histoire de saint Louis de Joinville et la chronique paschale d'Alexandre. Il mourut en 1688, laissant quatre enfants auxquels Louis XIV fit une pension de 2,000 livres en considération du mérite de

Lundi 19 Décembre

Saint Fauste, confesseur.

1402. — LA CONFRÉRIE DE LA PASSION EST AUTORISÉE A REPRÉSENTER LES MYSTÈRES.

Les Confrères de la Passion étaient des acteurs qui représentaient les jours de fêtes les principales scènes de l'Evangile. Charles V les approuva en 1402 et fit bâtir pour eux une salle à l'hôpital de la Trinité.

Ces confrères allaient quelquefois donner des représentations en province. L'Evèque et les principaux de la ville y assistaient. Le prix des premières places était de 4 francs de notre monnaie. Des sergents et des archers faisaient le service d'ordre, et des patrouilles parcouraient la ville pour surveiller les malfaiteurs qui auraient pu profiter de l'absence des habitants pour s'introduire chez eux et les voler. Le spectacle finissait à dix heures; toutes les fenêtres des maisons étaient alors illuminées afin que la foule pût voir clair et circuler plus aisément

La représentation des mystères fut interdite en 1548.

Mardi 20 Décembre.

Saint Théophile, martyr.

1776. — RÈGLEMENT POUR LES OUVRIERS DU FAUBOURG SAINT-ANTOINE.

Pour qu'un ouvrier pût travailler à son compte, il fallait qu'il fût reçu maître de son métier. Par exception, il y avait des quartiers connus sous le nom de lieux privilégiés où tout artisan pouvait librement exercer son industrie sans être maître.

A Paris ces lieux privilégiés étaient le faubourg Saint-Antoine, le parvis Notre-Dame, la cour Saint-Benoit, l'enclos Saint-Denis, de Saint-Germain-des-Prés, de Saint-Jean-de-Latran, la rue de Lourcine, l'enclos Saint-Martin-des-Champs, la cour de la Trinité, celle du Temple, les galeries du Louvre, l'hôtel des Gobelins, les maisons des peintres et sculpteurs et les palais et hôtels des princes du sang.

Mercredi 21 Décembre.

Saint Thomas, apôtre.

—

1463. — ÉTABLISSEMENT D'UNE UNIVERSITÉ A BOURGES.

Cette Université existait, paraît-il, du temps de saint Louis, et Charles, duc de Berry, frère de Louis XI, que l'on regarde ordinairement comme son fondateur, n'aurait fait que la réorganiser. Le pape Paul II lui conféra de nombreux privilèges apostoliques.

Parmi les professeurs les plus distingués qui enseignèrent dans cette Université, il faut citer : Alciat, Baron, Conti, Cujas, Amyot.

Jeudi 22 Décembre.

Saint Zénon, martyr

—

1578. — INSTITUTION DE L'ORDRE DU SAINT-ESPRIT.

Cet Ordre fut institué par Henri III, qui lui donna le titre d'ordre du Saint-Esprit, parce qu'il était parvenu à la couronne de France le jour de la Pentecôte. Il limita le nombre des chevaliers à 100. Il y avait des croix pour 4 cardinaux, pour 4 archevêques ou évêques.

Vendredi 23 Décembre

Ste Victoire, vierge et m.

—

1275. — L'UNIVERSITÉ DONNE DES STATUTS AUX LIBRAIRES-JURÉS.

Les libraires-jurés étaient chargés de surveiller la correction et l'orthodoxie des livres mis en vente ou en location par les autres libraires.

Au XVIIe siècle, tous les ouvrages pouvaient être soumis à la triple censure du clergé, du parlement et de l'université. Quand un livre était refusé, on le faisait brûler publiquement par la main du bourreau. Les Jésuites virent tous les mémoires publiés pour leur défense détruits par ce barbare procédé.

Samedi 24 Décembre

Ste Adèle, veuve. Vigile.

—

1398. — INSTRUCTION POUR L'ADOUCISSEMENT DU RÉGIME DES PRISONS DU CHATELET DE PARIS.

Le roi défendit d'enfermer les prisonniers dans des cachots privés d'air et humides, et prescrivit de leur donner de la paille fraîche toutes les fois qu'il serait nécessaire. Le régime des prisons ne reçut d'améliorations sérieuses que sous Louis XIV.

Le lieutenant de police était astreint de les visiter au moins une fois tous les ans. Louis XVI s'occupa activement d'améliorer le sort des prisonniers.

Dimanche 25 Décemb.

Noël. Sainte Anastasie.

—

1387. — TROIS SERGENTS QUI AVAIENT ARRÊTÉ DEUX ÉCOLIERS DANS L'ÉGLISE DES CARMES, SONT CONDAMNÉS A FAIRE AMENDE HONORABLE POUR AVOIR VIOLÉ LE DROIT D'ASILE.

Les églises, suivant une coutume qui remontait aux premiers siècles, était un asile inviolable pour les criminels qui s'y réfugiaient. Ce droit subsista jusqu'à François Ier.

Lundi 26 Décembre.

Saint Étienne, 1er martyr.

—

1355. — CRÉATION DU TRIBUNAL DE L'ELECTION.

L'Élection était une juridiction chargée de connaître des contestations qui s'élevaient à propos des tailles et autres impositions. On choisissait dans chaque baillage, trois élus, un de la noblesse, un du clergé, un du tiers-état, et neuf généraux tirés de ces trois ordres pour faire fonction de juges d'appel. Cette juridiction fut établie quand les aides, l'impôt sur le sel et autres marchandises quo tout le monde payait indirectement, furent établies d'une manière permanente.

Mardi 27 Décembre.

S. Jean, apôtre et évangél.

—

1777. — ÉTABLISSEMENT D'UN PRIX PUBLIC EN FAVEUR DES ÉTABLISSEMENTS DE COMMERCE ET D'INDUSTRIE.

Ce prix consistait en une médaille semblable à celles que l'on donne de nos jours après les expositions. Cette récompense était décernée par un jury.

1641. — MORT DE SULLY.

Sully naquit à Rosny, en 1559, d'une des plus anciennes et des plus illustres familles du royaume. Dès sa jeunesse il s'attacha à Henri de Bourbon, qui devint roi sous le nom de Henri IV. Sully se distingua à la bataille de Coutras, aux combats d'Arques et d'Ivry, aux sièges de Paris, de Noyon, de Rouen, de Laon. Il fut nommé grand voyer de France en 1597, puis surintendant des finances. Il devint grand maître d'artillerie en 1601, Gouverneur de la Bastille en 1602, puis surintendant des fortifications. Il fut envoyé en Angleterre en qualité d'ambassadeur extraordinaire et eut à son retour le gouvernement du Poitou Henri IV érigea en sa faveur, en 1606, la terre de Sully-sur-Loire, en Duché Pairie, et le fit grand maître des ports et havres de France. En 1610, après la mort de Henri IV, Sully se retira en son château de Villebon, où il mourut en 1641.

Mercredi 28 Décembre.

Saints Innocents.

—

1541. — RÈGLEMENTS POUR LES OUVRIERS IMPRIMEURS DE LYON.

Des imprimeurs de Lyon avaient attiré des ouvriers allemands dans cette ville, et profitaient de l'absence de règlement pour leur donner des salaires insuffisants. Des réclamations s'étant élevées, le roi fixa à la satisfaction générale les prix de la main d'œuvre des imprimeurs, et tout conflit cessa. Les ordonnances royales nous donnent de fréquents exemples de l'intervention des rois en faveur des ouvriers.

Jeudi 29 Décembre.

S. Thomas de Cantorbéry, évêque, martyr.

—

1663. — ÉTABLISSEMENT D'UNE ACADÉMIE ROYALE DE PEINTURE.

Cette compagnie commença à se former sous Louis XIII, et fut protégée dès ses débuts par Mazarin. En 1663, Louis XIV lui donna le titre d'académie, et lui conféra de nombreux privilèges. Les académiciens faisaient des cours publics de peinture et de sculpture, de géométrie, de perspective et d'anatomie.

Louis XIV établit à Rome une succursale de cette académie pour recevoir tous les ans les étudiants de Paris qui avaient été reconnus les plus méritants après un concours. Le roi les pensionnait pendant leur séjour à Rome.

Vendredi 30 Décembre.

Saint Sabin, martyr.

—

1712. — ORDONNANCE EN FAVEUR DES ESCLAVES DES COLONIES D'AMÉRIQUE.

Quand les esclaves s'étaient rendus coupables de quelque délit chez leurs maîtres, ces derniers appliquaient souvent la question à ces malheureux pour les punir ou pour chercher à leur faire révéler leurs complices. Louis XIV, pour remédier à cet abus, ne voulut pas qu'on appliquât la question aux noirs sans l'avis du magistrat.

1686. — ÉTABLISSEMENT DE LA MAISON DE SAINT-CYR.

Cette maison fut fondée par Louis XIV, sur les conseils de madame de Maintenon, pour l'éducation de 250 jeunes filles nobles dont les pères s'étaient distingués par leurs services dans l'armée.

Le roi faisait servir à cette maison 40,000 écus de rente et y joignait la manse abbatiale de Saint-Denis qui était de cent mille livres.

Samedi 31 Décembre.

Saint Sylvestre, pape.

—

1749. — FORMATION D'UN CORPS D'INVALIDES POUR GARDER LA BASTILLE.

Les soldats qui avaient contracté des infirmités au service et qui pouvaient encore se rendre utiles, étaient employés à la garde des portes sans importance.

La création d'un corps d'invalides pour veiller sur cette forteresse est une preuve du peu d'attention que le gouvernement apportait à sa garde, et de l'indifférence où elle laissait le peuple. En 1780, Louis XVI avait conçu le projet de faire démolir la Bastille.

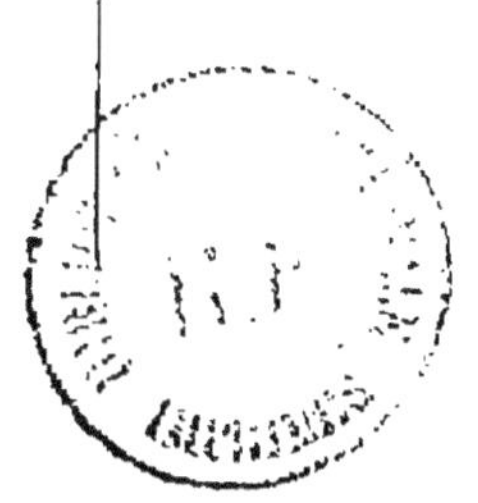

TABLE

DES PRINCIPAUX SUJETS

TRAITÉS EN PLUSIEURS ARTICLES

COLLÈGES. — 7 — 8 — 15 — 23 — 24 — 28 — 29 — 31 — 32 — 38 — 39 — 44 — 47 — 51 — 55 — 57 — 62 — 84 — 86 — 93 — 97 — 104 — 105 126 — 138 — 144 — 151 — 163 — 166.

ÉCOLES SPÉCIALES. — 15 — 87 — 138 — 169.

INSTRUCTION PRIMAIRE. — 9 — 21 — 24 — 72 — 76 — 179.

UNIVERSITÉS. — 17 — 24 — 33 — 40 — 57 — 58 78 — 79 - 84 — 95 — 100 — 139 — 145 — 146 149 — 160 — 161 — 171 — 182 — 184.

PRIVILÈGES AUX ÉTUDIANTS. — 9 — 12 — 41 — 47 74 — 83 — 85 — 86 — 124 — 130 — 134 — 135.

JÉSUITES. — 7 — 10 — 21 — 30 — 40 — 112 — 115 — 135 — 152.

OUVRIERS. — 10 — 28 — 56 — 68 — 69 — 103 — 106 — 154 — 162 — 166 — 170 — 174 — 183 — 187.

CLERGÉ. — 32 — 46 — 47 — 50 — 143.
ALIMENTATION. — 30 — 43 — 73 — 76 — 87 — 90 — 101 — 135 — 137 — 178.
NOBLESSE. — 12 — 133 — 157 — 165 — 174.
AGRICULTURE. — 36 — 44 — 119 — 147.
MAGISTRATURE ET JUSTICE. — 41 — 53 — 54 — 78 — 110 — 121 — 123 — 124 — 158 — 168 — 170.

Paris. — J. MERSCH et Cie, 8, r. Campagne-Première.

www.ingramcontent.com/pod-product-compliance
Lightning Source LLC
Chambersburg PA
CBHW070409090426
42733CB00009B/1599
9782014493276